LLYFR MAWR O FFEITHIAU AM IESU

LLYFR MAWR O FFEITHIAU AM IESU

gan
LOIS ROCK

addasiad Cymraeg
LONA EVANS

CYHOEDDIADAU'R
GAIR

Testun © 2005 Lois Rock
Darluniau © 2005 Peter Dennis
Argraffiad gwreiddiol © 2005 Lion Hudson

Cyhoeddwyd yn wreiddiol gan:
Lion Hudson plc
Mayfield House, 256 Banbury Road,
Oxford OX2 7DH, England
www.lionhudson.com

Hawlfraint yr argraffiad Cymraeg
© 2007 Cyhoeddiadau'r Gair
Aelybryn, Chwilog,
Pwllheli, Gwynedd
LL53 6SH

Testun Cymraeg: Lona Evans
Golygydd Cyffredinol: Aled Davies
Clawr a chysodi: Ynyr Roberts

Dymuna'r cyhoeddwyr gydnabod cymorth
Adrannau Olygyddol Cyngor Llyfrau Cymru.

Argraffwyd yn China

Cynnwys

1. Cyflwyno Iesu
2. Sut ydyn ni'n gwybod am Iesu?
3. Yr Iddewon
4. Iddewiaeth yng nghyfnod Iesu
5. Mwy am Iddewiaeth
6. Cartref Iesu
7. Cyflwyno Iesu: Adroddiad Marc
8. Cyflwyno Iesu: Adroddiad Ioan
9. Cyflwyno Iesu: Adroddiad Mathew
10. Cyflwyno Iesu: Adroddiad Luc
11. Stori Luc yn parhau
12. Iesu'r bachgen yn mynd i'r deml
13. Dechreuad newydd Iesu
14. Neges newydd Iesu
15. Yng Nghapernaum
16. Dilynwyr a Disgyblion
17. Gwyrthiau
18. Gwyrthiau iacháu
19. Gwyrthiau a'r Gyfraith
20. Bwyd gwyrthiol
21. Dwyn heddwch
22. Cyfodi'r meirw
23. Lasarus
24. Iesu a'i Ddysgeidiaeth
25. Mae rhai yn clywed ac eraill yn gwneud
26. Teyrnas o gydraddoldeb
27. Y cyfoethog a'r deyrnas
28. Gweddi
29. Mwy am weddïo
30. Dysgeidiaeth Iesu am Fywyd Cyfiawn
31. Pwy yw fy nghymydog?
32. Pobl a gyfarfu Iesu
33. Mwy o bobl a gyfarfu Iesu
34. Croeso Duw
35. Pwy yw Iesu?
36. Ddisgrifiad Iesu ohono'i hun
37. Dechrau'r diwedd
38. Iesu a'r Deml
39. Y cynllwyn yn erbyn Iesu
40. Rhybuddion olaf Iesu
41. Iesu a Swper y Pasg
42. Y Swper Olaf: Adroddiad Ioan
43. Iesu yn cael ei arestio
44. Iesu ar brawf
45. Iesu a Peilat
46. Ffordd y Groes
47. Croeshoelio Iesu
48. Claddedigaeth Iesu
49. Yn y bore bach
50. Jerwsalem a Galilea
51. Iesu yn ffarwelio
52. Yr Ysbryd Glân
53. Y Credinwyr yn Jerwsalem
54. Tu hwnt i Jerwsalem
55. Iesu yn ymddangos i Saul
56. Gweledigaeth o Iesu
57. Iesu a'r Eglwys
58. Iesu yn y byd heddiw

Indecs a thablau

1 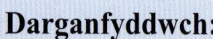 Cyflwyno Iesu

Darganfyddwch:

Enw a llinach Iesu :
Mathew 1, Luc 1–2

Arweinwyr Rhufeinig yn nyddiau Iesu:
Mathew 2, 14, 27, Marc 6, 15, Luc 1, 2, 3, 9, 23, Ioan 18, 19

Crist

Daw'r teitl 'Crist', a gysylltir yn aml gyda Iesu, o'r iaith Roeg. Pan aeth yr hanes ar led am Iesu, Groeg oedd yr iaith a ddefnyddiwyd gan nifer o'r gwledydd. Fodd bynnag, cyfieithiad yw'r gair 'Crist' o'r Hebraeg a ddarganfuwyd yn ysgrythurau pobl Crist. Ystyr y gair yw 'Meseia' a dywed Cristnogion mai Iesu yw'r Meseia.

Un o'r lluniau cynharaf o Iesu a baentiwyd tua tri chan mlynedd ar ôl ei farwolaeth

Iesu yw prif gymeriad un o grefyddau mwyaf y byd – Cristnogaeth. Gelwir dilynwyr Crist yn Gristnogion.

Daw'r gair 'Cristnogaeth' a 'Cristion' o'r gair 'Crist', sef y teitl mwyaf cyffredin am Iesu. Ystyr y teitl yw 'yr eneiniog un'. Seremoni i greu brenin newydd yw eneinio. Cred dilynwyr Iesu mai Iesu yw brenin Duw.

Roedd Iesu yn byw dwy fil o flynyddoedd yn ôl. Roedd yn perthyn i bobl a gredai eu bod wedi eu dewis gan Dduw. Yn y gorffennol, nhw oedd pobl Israel, ond erbyn cyfnod yr Iesu fe'u hadwaenid fel Iddewon. Roedd Iesu yn byw ar dir ble roedd ei bobl wedi ymgartrefu ers cannoedd o flynyddoedd – tiroedd ar arfordir dwyreiniol Môr y Canoldir. Yng nghyfnod Iesu, roedd y tir yn rhan o'r Ymerodraeth Rufeinig.

Mae'r llun yn dangos pobl yn rhuthro ymaith rhag milwyr a oedd yn gorymdeithio drwy Galilea. Roedd yn rhaid i'r bobl ufuddhau i orchmynion y Rhufeiniaid; er enghraifft, gallai milwr orfodi person i gario llwyth trwm am filltir neu fwy.

Yn amser Iesu roedd yr Ymerodraeth Rufeinig yn cynnwys nifer o wledydd o amgylch Môr y Canoldir. Roedd yr Ymerawdwr yn rheoli o'i brifddinas, sef Rhufain. Roedd is-arweinwyr yn gofalu am daleithiau llai. Ar amser genedigaeth Iesu, dyn hanner Iddewig o'r enw Herod oedd yn gofalu am Jerwsalem ar ran y Rhufeiniaid. Flynyddoedd yn ddiweddarach pan fu farw Iesu, y llywodraethwr Rhufeinig Pontiws Peilat oedd yn rheoli.

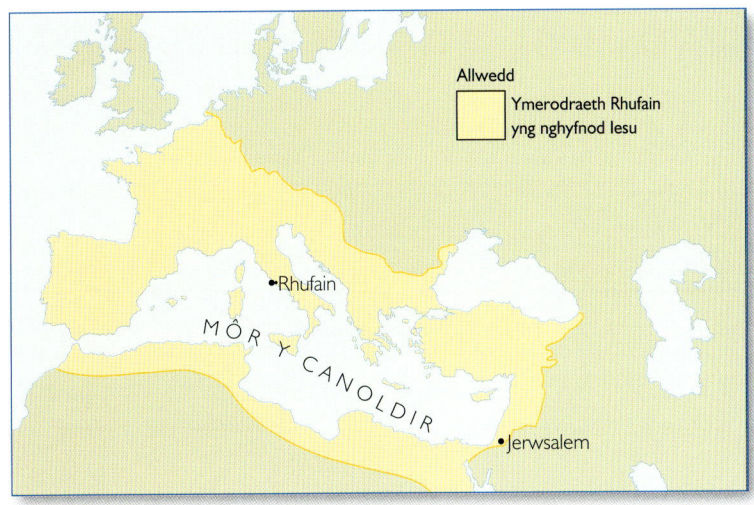

Ni choronwyd Iesu yn frenin. Yn ystod ei fywyd, gobeithiai rhai o'i ddilynwyr y byddai'n cipio grym oddi wrth arweinwyr y wlad, ond nid rhyfelwr oedd Iesu. Roedd yn enwog yn ei ddydd fel athro ac am bregethu am Dduw yn y trefi a'r pentrefi o gwmpas ei gartref yng Ngalilea, ac ymhellach i ffwrdd yn Jerwsalem.

Roedd ei ddysgeidiaeth yn boblogaidd gan rai, yn enwedig y tlodion a'r esgymuniaid. Fodd bynnag, roedd arweinwyr crefyddol y cyfnod yn methu deall y neges ac roedd nifer yn credu bod ei ddysgeidiaeth yn anghywir ac yn beryglus. Yn y diwedd, cynllunion nhw i'w ladd.

Fodd bynnag, roedd ei ddilynwyr yn parhau i ledaenu ei ddysgeidiaeth. Roedd yr hyn a ddywedwyd am Iesu yn ddigon i ddechrau mudiad newydd, yn gyntaf ymhlith yr Iddewon, yna ymhlith pobl nad oedd yn Iddewon – cenedl-ddynion.

Y mudiad yma oedd dechreuadau Cristnogaeth. Mae hon yn grefydd sydd wedi dylanwadu ar hanes dwy fil o flynyddoedd; mae'n grefydd sydd wedi lledu ledled y byd.

Dyma'r Ymerawdwr Rhufeinig Awgwstws Cesar yn gwisgo arfwisg filitaraidd. Roedd yn teyrnasu yn ystod hanner cyntaf bywyd Iesu.

Y Calendr Gorllewinol

Mae Cristnogaeth, crefydd a ysbrydolwyd gan Iesu, wedi bod yn ddylanwad enfawr ar hanes. Am bymtheg canrif roedd yn bwysig iawn mewn gwledydd Ewropeaidd – mor bwysig fel bod y calendr a ddilynir yno yn dal i gyfri'r blynyddoedd ers ei enedigaeth.

Weithiau, gwelir y llythrennau 'AD' cyn rhif y flwyddyn mewn calendr Gorllewinol. Daw'r llythrennau o'r Lladin Anno Domini, sef 'ym mlwyddyn yr Arglwydd' – gan gyfeirio at Iesu Grist. Defnyddir 'OC' yn Gymraeg – Oed Crist. Daw'r llythrennau 'CC' ar ôl y flwyddyn sef 'Cyn Crist'.

Mae gan grefyddau a diwylliannau eraill eu calendrau eu hunain, ond defnyddir y calendr Gorllewinol o gwmpas y byd. Erbyn hyn mae'n gyffredin i weld y defnydd o 'CE' yn hytrach nag 'OC' a 'BCE' yn hytrach na 'CC'. Ystyr y rhain yw 'Common Era' a 'Before Common Era'.

Mae'r llythrennau 'AD' o flaen blwyddyn yn ein hatgoffa o'r cysylltiad rhwng Cristnogaeth a'r calendr Gorllewinol. Mae'r geiriau yma ar gapel yng Nghymru.

2 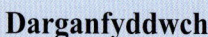 Sut ydyn ni'n gwybod am Iesu?

Darganfyddwch

Sut ydyn ni'n gwybod am Iesu?:
Luc 1, Ioan 20, 21

Dechreuodd newyddion am Iesu a'i neges ledu oherwydd bod yr hyn a ddywedai ac a wnâi yn gadael y bobl wedi eu syrfdanu. Doedden nhw ddim yn gallu stopio siarad amdano. Ar ôl i Iesu ymadael â'r byd, parhaodd ei ddilynwyr ledaenu ei neges yn y strydoedd, y farchnad ac unrhyw fan lle'r oedd pobl yn ymgasglu. Yn ddiweddarach ysgrifennwyd yr hanes yma ar bapur, ac mae rhai o'r darnau ysgrifenedig yma yn dal i fodoli heddiw. Mae'r hanesion hyn am fywyd Iesu yn hynod bwysig i Gristnogion.

Marc

Cred nifer o bobl fod un o ddilynwyr Iesu wedi dechrau ysgrifennu am yr hanes yn fuan ar ôl marwolaeth Iesu. Gelwir yr adroddiad cynharaf yn Marc. Mae traddodiad hynafol yn honni mai'r ysgrifennydd yma oedd Ioan Marc a deithiodd gyda chriw o ddilynwyr i nifer o wledydd o gwmpas yr ymerodraeth Rufeinig gan ledaenu'r neges.

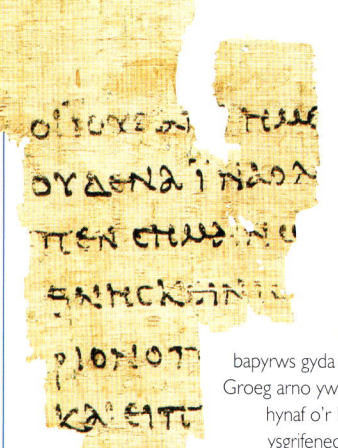

Y darn hwn o bapyrws gyda geiriau Groeg arno yw'r darn hynaf o'r Efengyl ysgrifenedig sy'n bodoli hyd heddiw. Mae'n dyddio o hanner cyntaf yr ail ganrif. Mae'n dangos adnodau o Efengyl Ioan.

Marc

Efengylau ac efengylwyr

Gelwir llyfrau Mathew, Marc, Luc a Ioan yn Efengylau. Heddiw maent yn rhan o'r Beibl Cristnogol. Y rhain yw pedwar llyfr cyntaf y Testament Newydd. Daw'r gair 'efengyl' o'r Groeg 'evangel', sef 'newyddion da'. Gelwir awduron yr Efengylau yn efengylwyr.

Mathew a Luc

Dau arall sydd wedi goroesi yw Mathew a Luc. Mae nifer o'r storïau yma yn Marc hefyd – weithiau gan ddefnyddio'r union eiriau. Cred nifer o bobl fod y ddau awdur wedi defnyddio adroddiad Marc i'w helpu. Mae gan Mathew a Luc rai storïau ychwanegol hefyd sy'n debyg i'w gilydd. Cred ysgolheigion eu bod wedi defnyddio casgliad o storïau a elwir yn 'Q'.

Mathew

Mae gan Mathew a Luc storïau a welir yn eu hadroddiadau nhw yn unig. Yn wir, aeth Luc yn ei flaen i ysgrifennu ail lyfr am fywyd dilynwyr Iesu ar ôl ei farwolaeth. Enw'r llyfr yma yw Actau'r Apostolion.

Luc

Ioan

Mae un adroddiad pwysig arall ac mae hwn yn hollol wahanol i'r tri arall. Dyma adroddiad Ioan. Mae traddodiad hynafol yn honni bod yr Ioan yma yn ddisgybl i Iesu a'i fod wedi ei adnabod am y tair blynedd y bu Iesu yn pregethu ac yn dysgu.

Ioan yn ar-ddweud ei Efengyl.

✛ Newyddion da i bawb

Ers i Gristnogion gasglu'r ysgrythurau, mae'r Efengylau yn uchel eu parch.

Cyfieithwyd yr Efengylau ynghyd â nifer o lyfrau eraill yn y Beibl, a ysgrifennwyd yn wreiddiol yn yr iaith Roeg, i nifer o ieithoedd eraill. Roedd Cristnogion mewn nifer o wledydd eisiau clywed y storïau am Iesu.

Un o'r cyfieithiadau cynharaf oedd Coptig, sef ffurf ar iaith hynafol yr Aifft. Defnyddir y Beibl Coptaidd mewn eglwysi Coptaidd yng ngogledd gorllewinol yr Affrig heddiw.

Cafwyd cyfieithiad arall i Syriac. Math o Aramaeg oedd yr iaith yma, mamiaith Iesu fwy na thebyg. Mae'r cyfieithiad Syriac, y Peshitta, yn dal i gael ei ddefnyddio yn Syria, Iran ac India. Defnyddir y cyfieithiad yma hefyd gan grŵp Cristnogol yn Eglwys y Beddrod Sanctaidd yn Jerwsalem. Daw Cristnogion o bedwar ban y byd er mwyn clywed y geiriau yn cael eu darllen. Mae'n rhoi'r cyfle i glywed iaith a oedd yn debyg i'r hyn fyddai Iesu wedi ei defnyddio.

Pan ddaeth Cristnogaeth yn grefydd swyddogol ymerodraeth Rhufain yn 312, daeth hi'n bwysig dros ben i gael cyfieithiad dibynadwy o'r Beibl mewn Lladin. Mynach o'r enw Jerom fu'n gyfrifol am wneud y gwaith yma gan ddechrau yn y flwyddyn 384. Ei gyfieithiad ef, sef y Fwlgat, oedd y cyfieithiad pwysicaf am dros fil o flynyddoedd yn eglwysi'r Gorllewin. Tua'r bumed a'r chweched ganrif, aeth ati i lunio cyfieithiad i'r Hen Slafoneg a hwn a ddefnyddiwyd gan Eglwys Uniongred Rwsia yn y Dwyrain.

Yn y Canol Oesoedd, roedd mynachod yn trysori'r Beibl yn fawr a gwnaethant gopïau cain o'r Beibl – yn arbennig y Fwlgat. Roedd ysgrifennu'r holl Feibl â llaw yn cymryd amser maith ac weithiau roedden nhw'n dewis gwneud copïau o'r Efengylau yn unig.

Hyd yn oed heddiw, mae Cristnogion sy'n mynd â'r Credo o gwmpas y byd yn cyfieithu'r Beibl i ieithoedd lleol, gan ddechrau gyda'r Efengylau. Maent yn creu llyfryn bychan sy'n weddol rad i'w gynhyrchu – a gellid ei roi'n anrheg neu ei werthu'n rhad iawn.

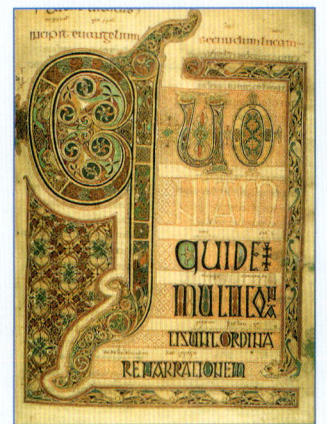

Mae Efengylau Lindisfarne yn un o drysorau mwyaf Cristnogaeth. Mae'r copi yma o'r Fwlgat gyda llythrennau cain addurniedig wedi ei greu rhwng 715 a 720 gan fynachod a oedd yn byw ar ynys Lindisfarne, oddi ar arfordir gogledd-ddwyrain Lloegr.

Pam ysgrifennu am Iesu?

Roedd gan ddilynwyr Iesu nifer o resymau am ysgrifennu ar bapur yr hyn a wyddent amdano:
- Roedd y bobl a oedd yn adnabod Iesu yn mynd yn hŷn ac roedd hi'n bwysig na fyddai e yn cael ei anghofio.
- Roedd y neges yn ymledu yn bell: roedd hi'n hawdd mynd â darnau ysgrifenedig i'r ardaloedd yma er mwyn i Gristnogion ddysgu mwy am eu crefydd newydd.
- Gellid darllen yr hanes yma yn y dirgel. Yn y dyddiau cynnar, roedd hi'n anghyfreithlon bod yn Gristion, felly roedd hanes ysgrifenedig yn fanteisiol.

Iesu mewn hanes

Mae darnau ysgrifenedig cynnar eraill yn sôn am Iesu hefyd. Mae'r rhain, yn ogystal â'r Testament Newydd, yn dystiolaeth fod Iesu wedi byw, bod ganddo ddilynwyr, a'i fod wedi ei ddedfrydu i farwolaeth gan y llywodraethwr Rhufeinig, Pontiws Peilat. Mae hanes Iddewig a ysgrifennwyd gan Flavius Josephus yn fuan ar ôl bywyd Iesu yn dweud:

Yn ystod yr amser yma roedd gŵr doeth o'r enw Iesu ac roedd yn cyflawni rhyfeddodau. Roedd nifer yn ei ddilyn. Ar awgrymiad penaethiaid yn ein plith, condemniwyd ef i farwolaeth gan Peilat. Parhaodd y rhai a'i carai i'w ddilyn ac fe'u gelwid yn Gristnogion, ac maent yn bodoli hyd heddiw.

Hynafolion 18: 63–64

3  Yr Iddewon

Darganfyddwch

Yr Iddewon:
Ysgrythurau Iddewig – yr Hen Destament

Pwy yw Duw?:
Salm 115

Yr ysgrythurau

Roedd yr ysgrythurau Iddewig yn sôn am y cytundebau a'r cyfamod a wnaeth Duw gyda'r Iddewon, gan gynnwys y rhai gydag Abraham a Moses. Mae'r gair 'testament' yn golygu yr un peth â chytundeb neu gyfamod. Mae Cristnogion yn cyfeirio at yr ysgrythurau Iddewig fel yr Hen Destament. Dyma ran gyntaf y Beibl Cristnogol.

Mae Cristnogion yn credu bod Iesu wedi creu cytundeb newydd rhwng Duw a'i bobl trwy ei farwolaeth. Enw'r casgliad o straeon am Iesu a'i ddilynwyr yw'r Testament Newydd. Dyma ail ran y Beibl Cristnogol.

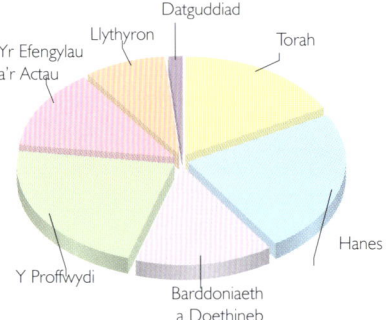

Mae'r siart yma yn dangos y gyfran o wahanol fathau o lenyddiaeth sydd yn y Beibl. Mae'r Efengylau, yr Actau, Cylchlythyrau a'r Datguddiad yn perthyn i'r Testament Newydd. Mae'r mathau eraill yn perthyn i'r Hen Destament.

Iddewon oedd pobl Iesu. Roedd ysgrythurau hynafol yr Iddewon yn dangos eu ffydd yn Nuw i ofalu amdanynt.

Pobl Israel

Fel cenedl, roedd yr Iddewon yn gallu olrhain eu hachau yn ôl at Abraham. Mae'r storïau amdano yn digwydd yn ystod yr Oes Efydd, efallai cymaint â dwy fil o flynyddoedd Cyn Crist. Mae'r ysgrythurau yn dweud bod yna gyfamod rhwng Duw ac Abraham: roedd Duw yn mynd i roi tir iddo ble byddai ei ddisgynyddion yn tyfu i fod yn genedl bwysig. Roedd yn rhaid i'r bobl barchu Duw, a byddai Duw yn gofalu amdanynt, a thrwyddynt, yn bendithio'r holl fyd. Cafodd y cytundeb hwn ei drosglwyddo i ddisgynyddion Abraham, gan gynnwys ei ŵyr, Jacob, a ailenwyd yn Israel.

Llun o fasnachwyr Semitaidd sydd ar y murlun hynafol yma o'r Aifft – pobl o'r un grŵp ethnig ag Abraham a'i ddisgynyddion. Roedd gan y bobl o'r cyfnod yma ddillad gyda phatrwm lliwgar fwy na thebyg.

Cyfraith Moses

Aeth cannoedd o flynyddoedd heibio. Erbyn hynny roedd pobl Israel yn gaethweision yn yr Aifft. Dewisodd Duw rhywun i'w hachub – arweiniodd Moses nhw i ryddid yn ôl yn eu hen wlad. Trwy Moses, rhoddodd Duw gyfreithiau i'r bobl eu dilyn. Mae hanes cynnar pobl Israel a Chyfraith Moses mewn pum llyfr a elwir y Torah.

Brenhinoedd

Yn y wlad newydd hon, roedd y bobl yn cael anhawster i osgoi eu gelynion. Yn y diwedd, dewiswyd brenhinoedd, gyda chymorth Duw, i'w harwain i ryddid. Llwyddodd y ddau gyntaf – Saul a Dafydd – i ryddhau'r wlad. Llwyddodd y trydydd, Solomon, i'w gwneud yn gyfoethog a phwerus.

Adeiladodd y Deml gyntaf yn ninas Jerwsalem.

Mae llyfrau hanes y Testament Newydd yn cynnwys storïau am y brenhinoedd hyn yn ogystal â'r rhai a'u dilynodd. Yng nghyfnod Solomon, ysgrifennwyd llyfrau barddoniaeth a doethinebau, gan gynnwys llyfr y Salmau a ddefnyddid yn addoliad y Deml.

Mae'r cerflun Asyraidd hwn yn dangos cwymp dinas Lachish – un o'r dinasoedd yn nheyrnas deheuol Jwda - yn 701 CC. Fyddai'r Israeliaid byth yn gwneud lluniau ohonynt eu hunain fel arfer gan eu bod yn credu bod cyfraith Duw yn gwahardd hyn. Felly dyma un o luniau prin hanesyn o'r Beibl.

Proffwydi

Ar ôl teyrnasiad Solomon, rhannwyd y deyrnas yn ddwy – y gogledd a'r de. Yn y gogledd, trodd y bobl eu cefn ar Dduw er i'r proffwydi eu rhybuddio. Ar ôl ychydig o ganrifoedd, fe'u dinistriwyd gan yr Asyriaid.

Yn y de o gwmpas Jerwsalem, roedd y bobl yn ffyddlonach. Roedd ganddyn nhw hefyd broffwydi i'w helpu a llwyddon nhw i wrthsefyll rhyfel yr Asyriaid. Yn ddiweddarach, fodd bynnag, fe'u trechwyd gan y Babiloniaid. Chwalwyd y Deml, a symudwyd nifer o'r boblogaeth i Babilon. Mae llyfrau'r proffwydi yn adrodd yr hanes.

Yn ystod y blynyddoedd pan oedd yr Asyriaid yn bygwth pobl Israel, daeth brenin o'r enw Jehu â rhoddion drud i'r ymerawdwr Shalmaneser. Mae'r cerflun yn dangos Jehu yn moesymgrymu.

Gobaith am frenin

Soniodd y proffwydi am obaith; un dydd byddai Duw yn anfon brenin newydd – meseia, fel Dafydd – i'w hachub.

Pan orchfygwyd y Babiloniaid gan y Persiaid, caniatawyd i'r Iddewon ddychwelyd adref ac adeiladwyd Teml newydd. Aethant ati i astudio'r ysgrythurau gydag awch. Pan gawsant eu gorchfygu gan y Groegwyr a'r Rhufeiniaid, tyfodd eu gobeithion am feseia.

Pwy yw Duw?

Cred Iddewon a Christnogion yn yr un Duw, sef y Duw a soniwyd amdano yn yr Hen Destament, a chan Iesu ei hun a oedd wrth gwrs yn Iddew.

Dyma rai geiriau o Lyfr y Salmau – llyfr emynau yr Hen Destament – sy'n sôn am Dduw, yr un a greodd nefoedd a daear, y gwir Dduw.

Ond i'th enw dy hun, rho ogoniant, er mwyn dy gariad a'th ffyddlondeb. Pam y mae'r cenhedloedd yn dweud, "Ple mae eu Duw?" Y mae ein Duw ni yn y nefoedd; fe wna beth bynnag a ddymuna. Arian ac aur yw eu delwau hwy, ac wedi eu gwneud â dwylo dynol.

Y mae ganddynt enau nad ydynt yn siarad, a llygaid nad ydynt yn gweld; y mae ganddynt glustiau nad ydynt yn clywed, a ffroenau nad ydynt yn arogli; y mae ganddynt ddwylo nad ydynt yn teimlo, a thraed nad ydynt yn cerdded; y mae eu gwneuthurwyr yn mynd yn debyg iddynt, ac felly hefyd bob un sy'n ymddiried ynddynt.

O Israel, ymddirieda yn yr Arglwydd. Ef yw eu cymorth a'u tarian. Chwi sy'n ofni'r Arglwydd, ymddiriedwch yn yr Arglwydd. Ef yw eu cymorth a'u tarian. Y mae'r Arglwydd yn ein cofio ac yn ein bendithio; fe fendithia dy Israel, fe fendithia dy Aaron, fe fendithia'r rhai sy'n ofni'r Arglwydd, y bychan a'r mawr fel ei gilydd. Bydded ichwi gael bendith gan yr Arglwydd a wnaeth nefoedd a daear.

Salmau 115:1, 9, 11–13, 15

Defnyddiwyd offerynnau tebyg i'r rhain fel cyfeiliant i'r Salmau mewn addoliad yn y Deml. Roedd yr arddull yn aml yn swnllyd a llawen.

4  Iddewiaeth yn nghyfnod Iesu

Darganfyddwch

Y Deml:
*Ecsodus 25–27, 30, 33, 35–40,
1 Brenhinoedd 5–8, 2 Brenhinoedd 25*

Y Pasg:
*Ecsodus 12, Lefiticus 23, Numeri 28,
Deuteronium 16*

Stori'r Deml

Dyluniwyd y Deml yn ôl cyfarwyddiadau a roddodd Duw i Moses. Wrth i'r bobl deithio i'r wlad a fyddai'n gartref iddynt, dywedodd Duw wrthynt am greu lle o addoliad o'r enw tabernacl. Pabell soffistigedig oedd hon a gellid ei symud o le i le.

Yn nyddiau Iesu, roedd ffydd yr Iddewon wedi'i threfnu'n dda ac wedi ei rheoli'n gelfydd gan eu harweinwyr.

Y Deml

Canolbwynt addoli Duw oedd seremonïau yn y Deml yn Jerwsalem. Defnyddiodd y Brenin Solmon yr un cynllun pan adeiladodd y Deml gyntaf yn Jerwsalem. Chwalwyd y Deml honno pan oresgynnodd lluoedd Babilon y wlad. Pan ganiatawyd i'r Iddewon ddychwelyd i'r ddinas, adeiladwyd un arall. Roedd hi'n amser anodd, a doedd yr ail Deml ddim mor ysblennydd â'r gyntaf.

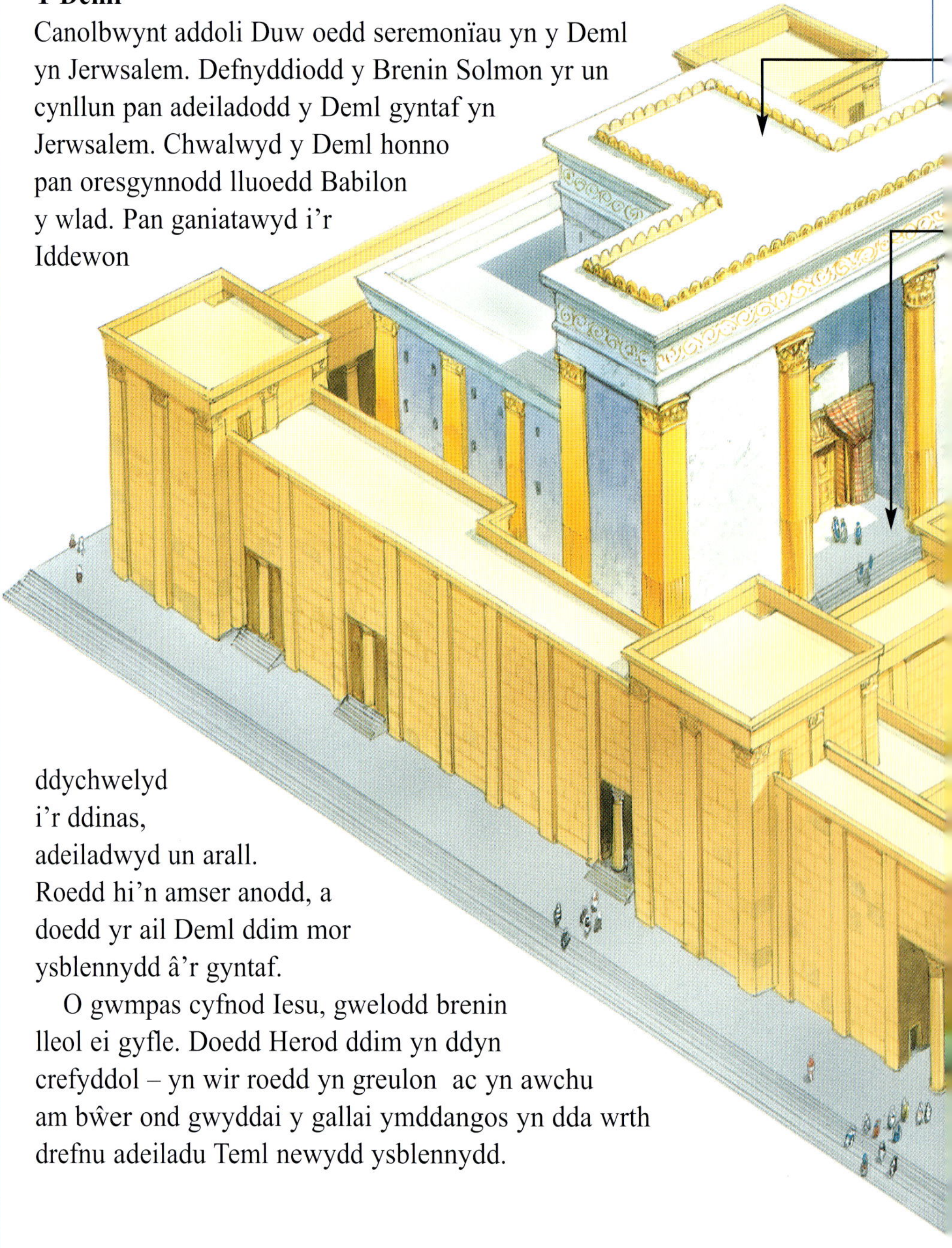

O gwmpas cyfnod Iesu, gwelodd brenin lleol ei gyfle. Doedd Herod ddim yn ddyn crefyddol – yn wir roedd yn greulon ac yn awchu am bŵer ond gwyddai y gallai ymddangos yn dda wrth drefnu adeiladu Teml newydd ysblennydd.

Addoliad yn y Deml

Yn y Deml, offeiriaid oedd yn gofalu am y seremonïau. Bob dydd roeddent yn sicrhau fod y lampau yn rhan fewnol y Deml ynghynn a llosgwyd peraroglau melys. Roedd y Lefiaid, sef swyddogion eraill, yn gofalu am weinyddu'r Deml. Roedd hyn yn cynnwys gwerthu anifeiliaid i bererinion er mwyn eu haberthu yn ogystal â chyfnewid arian i geiniogau arbennig er mwyn talu treth y Deml.

Lle Sanctaidd
Roedd hawl gan yr offeiriaid i fynd cyn belled â'r cysegr yn yr adeilad. Tu ôl i len drom oedd y Cysegr Sancteiddiolaf. Yma yn yr ystafell dywyll oedd arch y cyfamod – sef cist yn cynnwys cyfraith Duw – er bod yr un a wnaed ar gyfer Teml Solomon wedi ei hen golli mewn rhyfel ganrifoedd ynghynt.

Llys Israel
Gwŷr Iddewig yn unig a ganiateid yn Llys Israel. Llosgwyd ebyrth anifeiliaid yma ar allorau enfawr.

Llys y gwragedd
Gallai gwŷr a gwragedd Iddewig fynd yma – ond ni allai'r gwragedd fynd dim pellach.

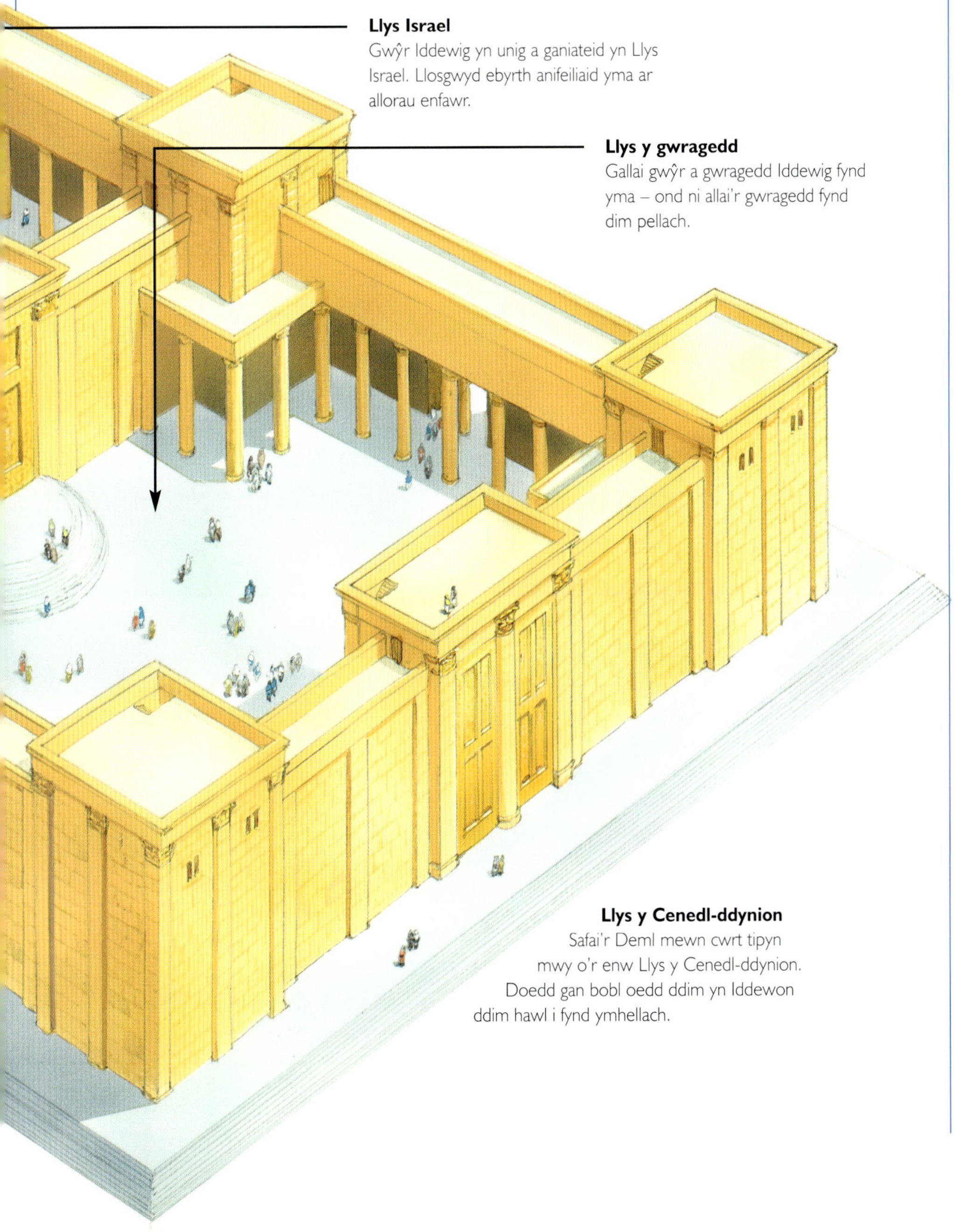

Llys y Cenedl-ddynion
Safai'r Deml mewn cwrt tipyn mwy o'r enw Llys y Cenedl-ddynion. Doedd gan bobl oedd ddim yn Iddewon ddim hawl i fynd ymhellach.

Roedd gwledd y Pasg yn amser Iesu yn cynnwys cig oen rhost a bara heb furum, fel ar noson y Pasg cyntaf.

Y Pasg / Gŵyl y Bara Croyw

Y Pasg oedd gŵyl fwyaf y flwyddyn Iddewig. Roedd yn dathlu'r ffaith fod Moses wedi arwain y bobl allan o'r Aifft gyda chymorth Duw. Trefnwyd seremonïau arbennig gan offeiriaid y Deml i ddathlu'r digwyddiad.

Yn ystod y Pasg cyntaf, dywedodd Duw wrth bobl Israel am baratoi gwledd arbennig ac i nodi eu tai gyda gwaed oen. Yna, aeth angel marwolaeth heibio iddynt, ond yn nhai'r Eifftiaid bu farw pob cyntafanedig. Yn eu galar, a'u hofn, penderfynodd yr Eifftiaid ryddhau'r Israeliaid o'u caethiwed.

Breuddwyd pob Iddew oedd dathlu'r Pasg yn Jerwsalem.

5 Mwy am Iddewiaeth

Yn amser Iesu, roedd yr Iddewon yn cyfarfod yn rheolaidd yn eu cymunedau i addoli Duw ac i ddysgu sut i fyw fel pobl Dduw.

Y synagog a'r ysgrythur

Ganrifoedd cyn cyfnod Iesu, pan oedd y Babiloniaid wedi dinistrio'r Deml gan alltudio'r bobl, roedd ffordd newydd o addoli wedi dechrau. Roedd yr Iddewon wedi dechrau cyfarfod ar ddydd gorffwyso, y Sabath.

Tua'r un cyfnod, dechreuodd ysgrifenyddion gasglu a threfnu'r ysgrythurau – yr hen adroddiadau am Moses a'i hanes yn ogystal â hanes diweddarach gan ddoethion, beirdd a dilynwyr y proffwydi.

Yn y synagogau, roedd yr ysgrythurau yn cael eu darllen ar goedd. Roedd yr holl Iddewon gwrywaidd yn gorfod darllen tra oedd yr athrawon, a elwid yn rabbi, yn esbonio cynnwys y darlleniadau.

Erbyn cyfnod yr Iesu, roedd gan hyd yn oed gymunedau bychain synagog, gyda rabbi a swyddogion eraill.

> **Darganfyddwch**
>
> **Iesu yn y synagog:**
> *Mathew 4, 9, 12, 13, Marc 1, 3, 6, Luc 4, 6, 13, Ioan 6*

Hen ddarn o'r ysgrythur wedi ei ysgrifennu yn Hebraeg.

Cadw'r ffydd

O gyfnod yr alltudiaeth ymlaen, roedd gwybod a deall y casgliadau o ysgrythurau yn bwysig mewn Iddewiaeth. Oherwydd hyn, dechreuodd yr arfer o gopïo'r dogfennau gan dalu sylw manwl i'r manylyn lleiaf.

Rhan o lyfr Eseia ydy'r llun uchod, a ganfuwyd yn Qumran ger y Môr Marw. Mae'n dyddio o oddeutu 100 CC. Mae'r geiriau'n cyfateb bron air am air i'r copïau cyfoes. Cymerwyd gofal mawr gyda'r gwaith o drosglwyddo'r geiriau'n gywir oherwydd credai'r Iddewon mai gair Duw oedd y rhain.

Mae'r llun yn dangos adfeilion adeilad o'r ganrif gyntaf yn Gamla, ger Galilea. Mae'r arbenigwyr yn cytuno mai synagog, a gafodd ei ddinistrio yn nyddiau Iesu oedd yr adeilad, pan orchfygodd y Rhufeiniaid wrthryfel Iddewig. Mae'n eithaf posibl fod yr Iesu wedi ymweld â'r safle a phregethu yno.

Cyfarfod y Sabath

Cafodd adeiladau'r synagog eu cynllunio fel man cyfarfod i'r bobl, ond roeddent yn ymdebygu i Deml. Yno roedd y Cysegr sancteiddiolaf tu ôl i len. Yno cedwid arch y cyfamod, a thu fewn i'r arch roedd copi o ddeddfau'r cyfamod. Yn y synagog, roedd ardal wedi ei rannu gan len hefyd. Tu ôl i'r llen, roedd cwpwrdd – yr 'arch'– ac ynddo roedd sgroliau llawn deddfau. Fodd bynnag, doedd y sgroliau yma ddim yn cael eu hystyried fel pethau na ellid eu cyffwrdd. Yn hytrach, bwriedwyd hwy i gael eu darllen a'u hastudio.

Yn ystod yr wythnos roedd yna gyfle i'r bechgyn fynychu'r ysgol yn y synagog, lle'r oedd y rabbi yn eu dysgu i ddarllen yr ysgrythurau.

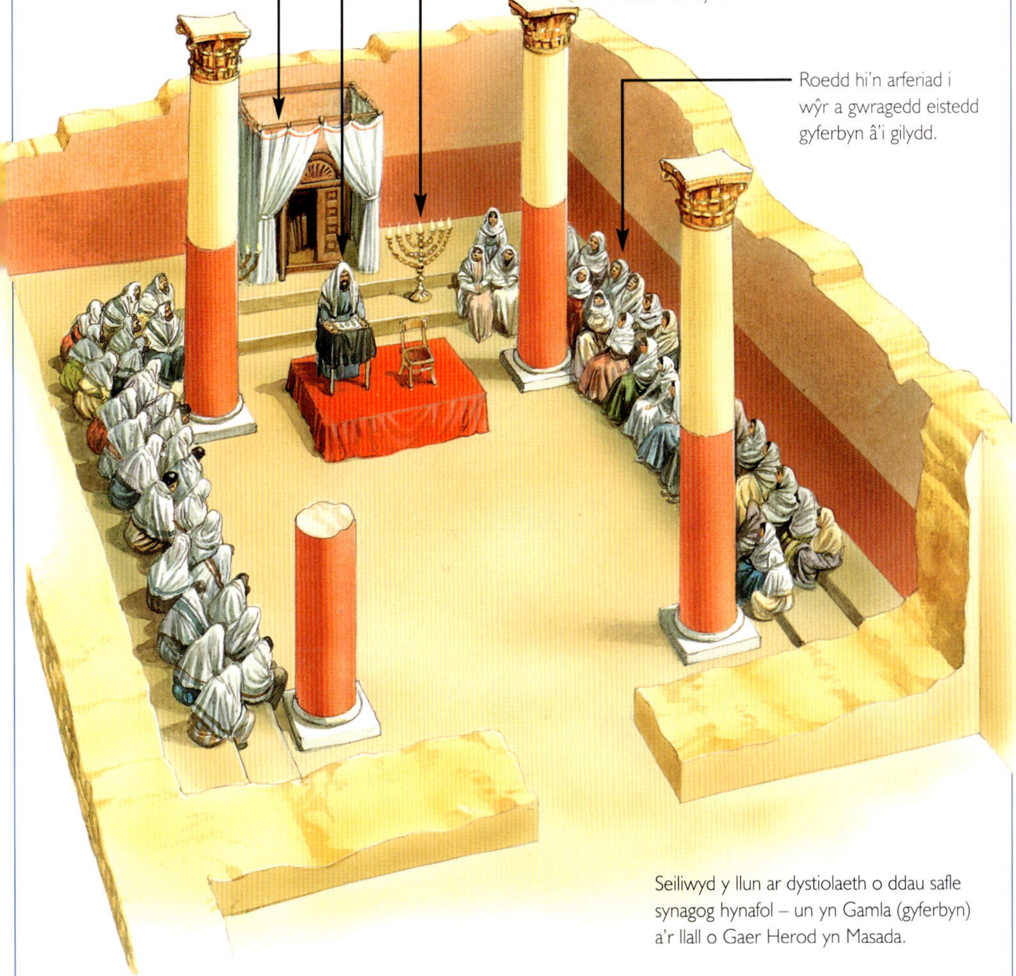

Arch
Yma roedd y cwpwrdd lle cedwid sgroliau'r ysgrythurau.

Darllenwyd yr ysgrythurau gan y dynion. Byddai rabbi – athro – yn esbonio'r cynnwys.

Canhwyllbren
Seiliwyd y ganhwyllbren saith cangen, y menora, ar gyfarwyddiadau am ganhwyllbren o'r tabernacl cyntaf.

Roedd hi'n arferiad i wŷr a gwragedd eistedd gyferbyn â'i gilydd.

Seiliwyd y llun ar dystiolaeth o ddau safle synagog hynafol – un yn Gamla (gyferbyn) a'r llall o Gaer Herod yn Masada.

Grwpiau crefyddol

Roedd dwy garfan grefyddol bwysig yng nghyfnod Iesu.

Teuluoedd cyfoethog ac offeiriaid oedd y Sadwceaid ar y cyfan. Roeddent yn derbyn Cyfraith Moses a doedden nhw ddim yn disgwyl i Dduw ddatguddio mwy iddynt. Nhw oedd y garfan fwyaf pwerus yn y cyngor crefyddol yn Jerwsalem. Enw'r cyngor yma oedd y Sanhedrin.

Roedd y Phariseaid yn cynnwys nifer o ysgrifenyddion, a oedd yn gweithio i ddiogelu'r ysgrythurau. Roedden nhw eisiau egluro'r hen gyfreithiau a meddwl mewn manylder beth oedd y peth iawn i'w wneud ar gyfer popeth allai ddigwydd mewn bywyd o ddydd i ddydd. Astudient adroddiadau'r proffwydi yn ogystal. Roeddent yn credu y byddai Duw yn danfon brenin i achub y genedl – Meseia. Phariseaid oedd nifer o'r rabbi lleol.

15

6 Cartref Iesu

Darganfyddwch

Iesu a Nasareth, Galilea:
Mathew 2, 4 Marc 1, Luc 2, 4, Ioan 1, 7

Iesu a Jerwsalem:
Mathew 20, 21, 23 Marc 10, 11
Luc 2, 4, 13, 19 Ioan 2, 5, 10, 12

Iesu a Bethlehem:
Mathew 2, Luc 2, Ioan 7

Yn y diffeithwch:
Mathew 3, 4 Marc 1, Luc 3, 4, 10

Mae'r Iorddonen yn dechrau ei thaith mewn cors i'r gogledd o Galilea.

Saif dinas Jerwsalem ar ben bryn. Dinas hynafol yr Iddewon oedd hi, caer naturiol a gipiwyd gan y brenin Dafydd gannoedd o flynyddoedd yn gynharach. Yng nghyfnod Iesu, byddai unrhyw un a oedd yn edrych tuag at y ddinas o Fynydd yr Olewydd (lle cymerwyd y llun) wedi gweld y deml, lle gallwch weld mosg aur heddiw.

Roedd y tir lle'r oedd cartref Iesu yn agos at Fôr y Canoldir. Mae bryniau yn codi o'r tir isel ger yr arfordir. I'r dwyrain, llifa'r Iorddonen drwy ddyffryn dwfn. Mae'n llifo i'r Môr Marw drwy lyn Galiea.

Mae'r ardal i'r de o'r Iorddonen a'r ardal o gwmpas y Môr Marw yn boeth a sych. Er bod Jericho wedi ei adeiladu ar werddon, roedd y rhan fwyaf o'r ardal yn ddiffeithwch naturiol yn nyddiau Iesu. Roedd y tirwedd yn cynnwys peth gwyrddni a drain a allai fyw yn yr hinsawdd sych yma. Roedd anifeiliaid gwyllt fel bleiddiaid a jacaliaid yn crwydro'r ogofâu a'r creigiau.

Galilea

Cafodd Iesu ei fagu yn Nasareth yng nghanol bryniau Galilea. Yma, roedd ffermwyr yn tyfu barlys, olewydd a grawnwin. Roedd y bugeiliaid yn pori eu defaid ar y meysydd gerllaw. Roedd storïau Iesu yn sôn am y tirwedd yma yn aml.

Pan roedd Iesu yn athro, treuliodd lawer o amser yn y trefi a'r pentrefi o gwmpas Llyn Galilea. Pysgotwyr oedd pedwar o'i gyfeillion agosaf.

Golygfa o Lyn Galilea, a elwir hefyd yn Fôr Tiberias.

Tref ar ben bryn oedd Bethlehem, wedi ei hamgylchynu gan dir amaeth. Dyma gartref y bugail bach o'r enw Dafydd, a dyfodd yn frenin enwocaf yr Israeliaid.

Roedd y bryniau yn sych ac yn wyllt – mannau unig lle crwydrai anifeiliaid gwyllt a lladron.

Y Môr Marw yw'r lle isaf ar y ddaear. Llyn yw e, a dyw'r dŵr sy'n llifo iddo ond yn gallu dianc drwy anweddu i'r cymylau, gan adael yr halen a'r mwynau ar ôl. O ganlyniad, mae'r Môr Marw mor hallt erbyn hyn, fel na all bron dim fyw ynddo.

Mae'r map yn dangos nifer o lefydd pwysig ym mywyd Iesu ac yn rhoi syniad inni ble mae'r mynyddoedd a'r gwastatir.

O gwmpas Jerwsalem

Jerwsalem oedd y ddinas bwysicaf. Tir amaeth oedd yn amgylchynu'r ddinas: roedd coed olewydd yn tyfu ar y bryniau gyferbyn, ac fe'u gelwid yn Fryn yr Olewydd. Roedd Bethlehem gerllaw, lle tyfai cnydau ar y bryniau. 'Tŷ bara' yw ystyr 'Bethlehem'. Mae'n enwog fel man geni Iesu.

7 Cyflwyno Iesu: Adroddiad Marc

Darganfyddwch

Genedigaeth Ioan:
Luc 1

Cyflwyno Iesu:
Marc 1, hefyd Mathew 3, Luc 3, Ioan 1

Neges Ioan:
Mathew 3

Genedigaeth Ioan

Dywed Luc yr hanes yma am y gŵr mae Cristnogion yn ei alw'n Ioan Fedyddiwr.

Roedd gŵr a gwraig yn ddi-blant, ac erbyn hyn roeddent yn rhy hen i gael teulu. Gweithiai'r gŵr, Sechareia, fel offeiriad. Un dydd, pan oedd yn y deml, dywedodd angel wrtho y byddai ei wraig, Elisabeth, yn esgor ar fab, Ioan, a fyddai'n broffwyd. Câi Sechareia gryn anhawster i gredu hyn. Felly, dywedodd yr angel wrtho, fel arwydd o hyn, na fyddai'n gallu siarad tan i'r baban gael ei eni.

Digwyddodd popeth yn union fel y dywedodd yr angel. Pan ddaeth yr amser i enwi'r baban newydd, ysgrifennodd Sechareia, 'Ei enw fydd Ioan.' Yna gallai siarad unwaith yn rhagor a dywedodd:

"A thithau, fy mhlentyn, gelwir di yn broffwyd y Goruchaf, oherwydd byddi'n cerdded o flaen yr Arglwydd i baratoi ei lwybrau, i roi i'w bobl wybodaeth am waredigaeth trwy faddeuant eu pechodau."
Luc 1: 76–77

Dywed Luc fod Elisabeth yn gefnder i Mair, mam Iesu.

Credai'r bobl mai proffwyd oedd Ioan – gwisgai fel proffwyd o'r hen ddyddiau, hyd yn oed.

Mae angen cyflwyniad i hanes bywyd pawb. Mae pob un o'r Efengylau yn cyflwyno bywyd Iesu mewn ffordd arbennig. Adroddiad Marc yw'r byrraf a'r cyntaf, mae'n bur debyg, i gael ei ysgrifennu, ac mae'n bwrw iddi'n syth.

Mae'n dechrau drwy gyhoeddi mai Iesu yw'r Crist, y Meseia y bu'r proffwydi yn sôn amdano:

Dechrau Efengyl Iesu Grist, Mab Duw. Fel y mae'n ysgrifenedig yn y proffwyd Eseia:
"Wele fi'n anfon fy nghennad o'th flaen i baratoi dy ffordd. Llais un yn galw yn yr anialwch, 'Paratowch ffordd yr Arglwydd, unionwch y llwybrau iddo'"
Marc 1: 1–3

Yna mae Marc yn mynd ymlaen i sôn am waith y negesydd. Ei enw oedd Ioan ac roedd yn byw fel proffwyd o'r hen ddyddiau. Gwisgai ddillad garw wedi eu gwneud o flew camel ac wedi eu clymu gyda gwregys lledr. Roedd e'n byw yn yr anialwch gan fwydo'i hun gyda beth bynnag allai ddod o hyd iddo – locustiaid a mêl gwyllt. Pregethai i'r dyrfa oedd yn dod i wrando arno: 'Ymwrthodwch â phechod a chael eich bedyddio, a bydd Duw yn maddau eich holl bechodau.'

Bedyddiodd Ioan unrhyw un a oedd am newid eu bywydau a throi at Dduw gan ddisgwyl Meseia. Trochwyd nhw yn yr Iorddonen, fel arwydd eu bod wedi eu glanhau, ac fel arwydd eu bod am ddilyn ffordd newydd o fyw. Adwaenid Ioan fel 'Ioan Fedyddiwr'.

Un dydd, ymunodd Iesu â'r dyrfa a oedd wedi ymgynnull i wrando ar Ioan ac i gael eu bedyddio. Yn ystod y cyfarfod digwyddodd rhywbeth arbennig iawn. Dywed Marc:

Ac yna, wrth iddo godi allan o'r dŵr, gwelodd y nefoedd yn rhwygo'n agored a'r Ysbryd fel colomen yn disgyn arno. A daeth llais o'r nefoedd: "Ti yw fy Mab, yr Anwylyd; ynot ti yr wyf yn ymhyfrydu."
Marc 1: 10–11

Mae'r map yn dangos dyffryn yr Iorddonen o Galilea i'r gogledd ô'r Môr Marw. Yn yr ardal yma roedd Ioan Fedyddiwr yn pregethu ac yn bedyddio. Mae un cyfeiriad yn yr Efengyl yn sôn amdano yn Aenon.

Neges Ioan

Mae'r pedair Efengyl yn sôn am Ioan. Dyma beth ddywed Luc am ei ddysgeidiaeth:

Gofynnodd y tyrfaoedd iddo, "Beth a wnawn ni felly?

Atebodd yntau, "Rhaid i'r sawl sydd ganddo ddau grys eu rhannu ag unrhyw un sydd heb grys, a rhai sydd ganddo fwyd wneud yr un peth."

Daeth casglwyr trethi hefyd i'w bedyddio, ac meddent wrtho, "Athro, beth a wnawn ni?"

Meddai yntau wrthynt, "Peidiwch â mynnu dim mwy na'r swm a bennwyd i chwi."

Byddai dynion ar wasanaeth milwrol hefyd yn gofyn iddo, "Beth a wnawn ninnau?"

Meddai wrthynt, "Peidiwch ag ysbeilio neb trwy drais neu gamgyhuddiad, ond byddwch fodlon ar eich cyflog."
Luc 3: 10–14

✠ Adfent

Mae nifer o eglwysi yn defnyddio'r pedwar Sul cyn y Nadolig fel cyfnod arbennig i baratoi gogyfer â dathlu genedigaeth Iesu, a chofio am y negeswyr a'r proffwydi a baratôdd ffordd yr Iesu. Gelwir y cyfnod yma yn Adfent sy'n dod o'r gair Lladin 'dyfodiad'.

Mae thema arbennig gogyfer â phob Sul: y cyntaf yw pobl Dduw sy'n edrych ymlaen at ddyfodiad Iesu; yr ail yw proffwydi yr Hen Destament a ragfynegodd ei ddyfodiad; y trydydd yw Ioan Fedyddiwr; a'r pedwerydd yw Mair, mam Iesu.

Un traddodiad yw creu rhith yr Adfent gyda phedair cannwyll o gwmpas cylch a channwyll wen, dal yn y canol. Mae'r pedair cannwyll yn cael eu cynnau bob yn un ar y pedwar Sul yr Adfent. Ar ddydd Nadolig, mae'r pum cannwyll yn cael eu cynnau i ddathlu genedigaeth Iesu, 'goleuni'r byd'.

8 Cyflwyno Iesu: Adroddiad Ioan

Darganfyddwch

Yr Ysbryd Glân:
Mathew 4, Marc 1, Luc 3, Ioan 1

Cyflwyno Iesu:
Ioan 1

Marwolaeth Ioan Fedyddiwr:
Mathew 14, Marc 6, Luc 9

✠ Yr Ysbryd Glân

Yn hanes bedyddio Iesu, mae'r Ysbryd Glân yn disgyn arno ar ffurf colomen. O ganlyniad, mae'r golomen yn symbol o'r Ysbryd Glân.

Mae stori arch Noa yn yr Hen Destament yn cyfeirio at golomen hefyd, oherwydd dyma un o'r adar a achubwyd o'r llifogydd. Pan beidiodd y glaw, anfonodd Noa y golomen i ddarganfod tir sych. Dychwelodd gyda deilen olewydd yn ei phig, tystiolaeth fod tir sych wedi ymddangos a bod Duw wedi cadw pawb yn yr arch yn ddiogel.

Mae symboliaeth y golomen yn y ddwy stori yma yn cael ei huno'n aml – daw colomen gyda deilen olewydd yn ei phig yn symbol o'r Ysbryd Glân sy'n arwain pobl i fyw yn y ffordd gywir ac sy'n eu hamddiffyn rhag perygl.

Mae awdur Efengyl Ioan yn dechrau ei stori gyda bedydd Iesu, ond mae hefyd yn esbonio mewn ffordd farddonol berthynas Iesu â Duw:

Yn y dechreuad yr oedd y gair; yr oedd y Gair gyda Duw, a Duw oedd y Gair. Yr oedd ef yn y dechreuad gyda Duw. Daeth pob peth i fod trwyddo ef; hebddo ef ni ddaeth un dim sydd mewn bod. Ynddo ef yr oedd bywyd, a'r bywyd, goleuni yn llewyrchu yn y tywyllwch, ac nid yw'r tywyllwch wedi ei drechu ef.

Ioan 1: 1–5

Yn adroddiad Ioan, does yna ddim arwydd fod Ioan Fedyddiwr (nid yr un Ioan!) wedi cyfarfod â Iesu o'r blaen. Roedd Ioan yn gwybod ei fod yn paratoi'r ffordd i'r Meseia ond ni wyddai pwy fyddai'r person yma . . . dim tan iddo fedyddio Iesu. Yna, yn ôl yr Efengyl, cafodd Ioan Fedyddiwr weledigaeth:

A thystiodd Ioan fel hyn: "Gwelais yr Ysbryd yn disgyn o'r nef fel colomen, ac fe arhosodd arno ef. Nid oeddwn innau'n ei adnabod, ond yr un a'm hanfonodd i fedyddio â dŵr, dywedodd ef wrthyf, 'Pwy bynnag y gweli di'r Ysbryd yn disgyn ac yn aros yno, hwn yw'r un sy'n bedyddio â'r Ysbryd Glân.' Yr wyf innau wedi gweld ac wedi dwyn tystiolaeth mai Mab Duw yw hwn."

Ioan 1: 32–34

Bedyddiodd Ioan Iesu yn yr Iorddonen.

Beth ddigwyddodd i Ioan

Mae Efengyl Ioan yn sôn am ymateb Ioan Fedyddiwr i ddilynwyr Iesu. Dywedodd dilynwyr Ioan wrtho fod Iesu yn bedyddio pobl a bod ganddo nifer o ddilynwyr. Esboniodd Ioan Fedyddiwr wrthynt mai dyna oedd cynllun Duw.

Carcharwyd Ioan am feirniadu'r brenin lleol.

Marwolaeth Ioan Fedyddiwr

Parhaodd Ioan i ymgyrchu'n ddewr dros ddaioni. Dywedodd wrth y rheolwr lleol, Herod Antipas (mab Brenin Herod a ailadeiladodd y Deml), na ddylai fod wedi priodi gwraig ei frawd, Philip.

Oherwydd hyn, carcharwyd Ioan. Cynlluniodd Herodias, gwraig Herod yn erbyn Ioan er mwyn ei ladd. Yn ystod gwledd pen-blwydd Herod, dawnsiodd Salome, merch Herodias, yn arbennig o dda o flaen Herod a'i westeion, felly cafodd ddewis wobr arbennig iddi'i hun. Gofynnodd Salome am gyngor gan ei mam.

Dywedodd wrth ei merch am fynnu pen Ioan Fedyddiwr ar blât. Dienyddiwyd y proffwyd.

Clywodd Iesu a'i ddilynwyr am hyn a buont yn galaru. Roedd y digwyddiad hefyd yn eu hatgoffa fod gwaith proffwyd yn un peryglus.

Gwraig y brenin oedd yr un oedd am weld Ioan yn cael ei ladd fwyaf, a chynlluniodd gyda'i merch hardd, Salome, i sicrhau bod hyn yn digwydd.

Teyrnas Herod

Ganed Ioan Fedyddiwr a'r Iesu yn ystod teyrnasiad y brenin creulon, Herod. Roedd yn llywodraethu ar ran y Rhufeiniaid, ac ef fu'n gyfrifol am adeiladu'r Deml. Pan fu farw Herod, rhannwyd ei deyrnas rhwng ei dri mab: Philip, Herod Antipas ac Archelaus. Roedd Archelaus yn rheolwr gwael iawn, felly rhoddodd yr ymerawdwr ei deyrnas dan ofal swyddog Rhufeinig.

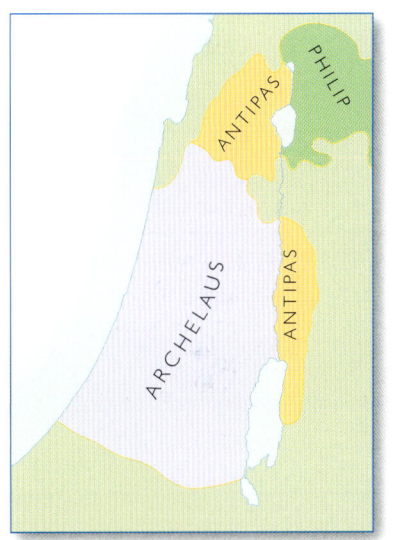

Dyma sut y rhannwyd teyrnas Herod rhwng ei feibion.

9 Cyflwyno Iesu: Adroddiad Mathew

Darganfyddwch

Cyflwyno Iesu:
Mathew 1–2

Anrhegion i frenin:
Mathew 2

Mathew a'r ysgrythurau

Yn Efengyl Mathew mae'r awdur yn ceisio cysylltu hanes Iesu gyda'r hen ysgrythurau. Drwy Iesu, mae Mathew yn honni fod geiriau'r proffwydi wedi eu cyflawni.

Seren yn y dwyrain

Yn ddiweddar, mae astrolegwyr wedi ceisio darganfod a oedd yna seren newydd yn yr awyr ar adeg genedigaeth Iesu. Awgryma rhai y gallai planedau neu gomedau fod yn yr awyr ar y pryd. Ond dyw eraill ddim yn poeni cymaint am wirionedd gwyddonol y stori. Mae ganddynt fwy o ddiddordeb yn y ffordd mae'r stori'n dangos bod pobl o wledydd eraill yn cydnabod bod Iesu yn frenin o'r amser pan gafodd ei eni.

Mae Mathew, fel Marc, yn cyhoeddi dechrau bywyd Iesu fel oedolyn gyda'i fedydd. Fodd bynnag, mae Mathew yn dechrau'r hanes drwy restru ei linach yr holl ffordd 'nôl i Abraham, tad y genedl Iddewig. Mae'r brenin Dafydd a'i fab Solomon yn rhan o'r rhestr hefyd, gan ddangos yn eglur bod Iesu o dras frenhinol.

Yna mae'n adrodd hanes genedigaeth Iesu. Sylweddolodd gwraig o'r enw Mair ei bod yn feichiog. Roedd hyn yn rhywbeth y byddai pawb wedi bod â chywilydd ohono, gan nad oedd wedi priodi eto. Ac yn waeth fyth, nid ei dyweddi, Joseff, oedd y tad. Roedd o'n bwriadu ei gadael.

Mewn breuddwyd, dywedodd angel wrtho am briodi Mair. Babi Duw oedd hwn, meddai, a byddai'n achub y byd rhag pechod.

Ganed Iesu ym Methlehem, cartref y brenin Dafydd. Disgleiriodd seren arbennig yn yr awyr a dilynwyd y seren gan deithwyr o'r dwyrain i chwilio am frenin newydd. Aethant yn gyntaf i Jerwsalem at balas Herod. Roedd Herod yn gandryll pan glywodd yr hanes. Gofynnodd i'w gynghorwyr a oedd yna dystiolaeth yn yr ysgrythurau o ble fyddai man geni'r Meseia. 'Bethlehem' oedd yr ateb.

Anfonodd Herod yr ymwelwyr i ddarganfod ble roedd y brenin newydd a gofynnodd iddynt ddychwelyd ato gyda'r wybodaeth. Daethant o hyd i'r babi a rhoesant anrhegion drud iddo. Fodd bynnag, mewn breuddwyd, rhybuddiodd angel hwy i beidio â dychwelyd at Herod. Rhybuddiwyd Joseff am y perygl a dihangodd gyda'i wraig a'i faban i'r Aifft.

Pan sylweddolodd Herod nad oedd y teithwyr wedi dychwelyd ato, anfonodd filwyr i Fethlehem er mwyn lladd pob bachgen bach o dan ddwy flwydd oed.

Gobeithiai Herod y byddai'r teithwyr o'r dwyrain yn ei helpu i ddarganfod brenin cystadleuol.

Dyma Mair, Joseff ac Iesu yn dianc i'r Aifft. Gyda'i gilydd fe'u gelwir y Teulu Sanctaidd.

Anrhegion i frenin

Dywed Mathew fod yr ymwelwyr wedi rhoi aur, thus a myrr i'r baban.

Mae'r rhain yn anrhegion drudfawr sy'n arwydd o'u parch tuag at y brenin newyddanedig.

Mae symbolaeth i'r anrhegion: aur i frenin, thus i offeiriad a myrr, perarogl claddedigaeth, fel symbol y byddai ei farwolaeth mor bwysig â'i fywyd.

Ychydig o flynyddoedd yn ddiweddarach, clywodd Joseff bod Herod wedi marw. Dychwelodd i'w wlad ond nid i Fethlehem. Roedd ganddo ofn y llywodraethwr newydd, Archelaus, mab Herod, felly arweiniodd Joseff ei deulu i Nasareth yng Ngalilea.

✠ Y tri gŵr doeth

Mae ymweliad y tri gŵr doeth wedi dal dychymyg Cristnogion dros y canrifoedd. Mae eu cyfoeth yn bwnc poblogaidd mewn celfyddyd Gristnogol. Cyfeirir atynt yn aml fel y Magi – gair sy'n gysylltiedig â gwarchodwyr addoliad duw Persaidd Ahura Mazda. Mae chwedlau eraill yn dweud mai brenhinoedd oeddent o wahanol rannau o'r byd. Oherwydd bod tair anrheg, cyfeirir yn aml at dri brenin. Mae hen draddodiad wedi rhoi enw iddynt hyd yn oed: Balthasar o Affrica, Melchior o Media a Caspar o Bersia.

✠ Ystwyll

Enw'r ŵyl sy'n dathlu dyfodiad y gwŷr doeth yw Ystwyll. Daw o'r gair Groeg sy'n golygu 'dangos' oherwydd dangoswyd Iesu i'r cenedl-ddynion a'i gydnabod yn frenin.

Mae gŵyl Ystwyll ar y chweched o Ionawr. Ar yr un dyddiad mae eglwysi Uniongred yn dathlu dydd Nadolig. Mewn eglwysi eraill Ystwyll yw dydd olaf tymor y Nadolig.

Mae mosaig o'r bymthegfed ganrif yn dangos addoliad y tri brenin.

10 Cyflwyno Iesu: Adroddiad Luc

Darganfyddwch

Gwaredwr nerthol:
Luc 1

Cyhoeddi Iesu:
Luc 1

Gwaredwr nerthol

Pan oedd Sechareia yn gallu siarad eto ar ôl genedigaeth ei fab, Ioan, siaradodd am ei fab ei hun (tudalen 18) ac am yr un y byddai Ioan yn paratoi'r ffordd ar ei gyfer:

"Bendigedig fyddo Arglwydd Dduw Israel am iddo ymweld â'i bobl a'u prynu i ryddid: cododd waredigaeth gadarn i ni yn nhŷ Dafydd ei was – fel y llefarodd trwy enau ei broffwydi sanctaidd yn yr oesoedd a fu – gwaredigaeth rhag ei gelynion ac o afael pawb sydd yn ein casáu."

Luc 1: 68–71

Mae Luc yn treulio mwy o amser gyda Iesu'r plentyn na'r Efengylau eraill. Mae'n dechrau ei lyfr gyda hanes genedigaeth dau faban – Ioan Fedyddiwr ac Iesu.

Yn gyntaf, dywedodd angel wrth Sechareia y byddai ef ac Elisabeth yn cael baban. Enw'r baban fyddai Ioan a byddai'n dod yn broffwyd.

Yn ystod y cyfnod pan oedd Elisabeth yn feichiog, derbyniodd ei chyfnither, Mair, newyddion anhygoel gan angel. Dywedodd yr angel Gabriel wrthi:

"Paid ag ofni, Mair, oherwydd cefaist ffafr gyda Duw; ac wele byddi'n beichiogi yn dy groth ac yn esgor ar fab, a gelwi ef Iesu. Bydd hwn yn fawr, a Mab y goruchaf gelwir ef; rhydd yr Arglwydd Dduw iddo orsedd Dafydd ei dad, ac fe deyrnasa ar dŷ Jacob am byth, ac ar ei deyrnas ni bydd diwedd."

Luc 1: 30–33

✝ Gŵyl Fair

Yr enw a roddir ar y digwyddiad pan ymwelodd Gabriel â Mair ydy Gŵyl Fair. Mae Gŵyl Fair yn cael ei dathlu mewn nifer o eglwysi ar Fawrth 25 – naw mis cyn dathlu genedigaeth Iesu adeg y Nadolig.

Ar ôl i'r angel ymweld â Mair, aeth hi i weld Elisabeth – digwyddiad sy'n cael ei alw yn Ddydd yr Ymweliad.

Yn aml, mae angel yr ymweliad yn dal lili, symbol o burdeb Mair.

Cafodd Mair drafferth i gredu geiriau'r angel. Er ei bod yn bwriadu priodi Joseff, doedd hi ddim yn briod eto a gwyddai na allai fod yn feichiog. Esboniodd yr angel fod popeth yn bosibl i Dduw, ac atgoffodd hi fod Elisabeth wedi beichiogi er bod pawb wedi dweud ei bod hi'n rhy hen.

Aeth Mair i ymweld ag Elisabeth. Ar unwaith, gallai Elisabeth deimlo ei baban, Ioan, yn symud y tu mewn iddi. Roedd yn dathlu, meddai, oherwydd ei fod yn synhwyro mai baban Mair oedd yr un a addawyd gan Dduw. Yna canodd Mair glod i Dduw:

Mair ac Elisabeth yn trafod y babanod roeddent yn eu disgwyl.

"Y mae fy enaid yn mawrygu yr Arglwydd, a gorfoleddodd fy ysbryd yn Nuw, fy Ngwaredwr, am iddo ystyried distadledd ei lawforwyn. Oherwydd wele, o hyn allan fe'm gelwir yn wynfydedig gan yr holl genedlaethau, oherwydd gwnaeth yr hwn sydd nerthol bethau mawr i mi, a sanctaidd yw ei enw ef; y mae ei drugaredd o genhedlaeth i genhedlaeth i'r rhai sydd yn ei ofni ef.

Llwythodd y newynog â rhoddion, ac anfonodd y cyfoethogion ymaith yn waglaw. Cynorthwyodd ef Israel ei was, gan ddwyn i'w gof ei drugaredd – fel y llefarodd wrth ein hynafiaid – ei drugaredd wrth Abraham a'i had yn dragywydd."

Luc 1: 46–50, 53–55

✠ Mair o Nasareth

Nid yw'r Efengylau yn cynnwys llawer o wybodaeth am Mair. Merch ifanc oedd hi ac roedd hi wedi dyweddïo. Roedd y briodas yn gytundeb rhwng ei theulu hi a theulu ei darpar ŵr. Mae'n debyg ei bod newydd gyrraedd oed priodi. Yn ôl arfer y cyfnod, byddai tua deuddeg oed ar y pryd a byddai ei gŵr rai blynyddoedd yn hŷn. Roedd hi'n byw gartref gyda'i theulu mwy na thebyg.

Dyw'r Efengylau ddim yn sôn am ei rhieni, ond yn ôl hen draddodiad Joachim ac Ann oedd eu henwau.

✠ Henffych Fair

Y geiriau cyntaf a lefarodd yr angel wrth Mair oedd 'Henffych Fair'. 'Ave Maria' yw hyn yn Lladin. Dyma eiriau agoriadol gweddi a ddefnyddir gan lawer o Gristnogion yn enwedig Catholigion. Maent yn dweud y weddi gan ddefnyddio glain weddi a elwir yn llaswyr. Ar yr un pryd maent yn myfyrio ar wahanol ddigwyddiadau ym mywyd Iesu.

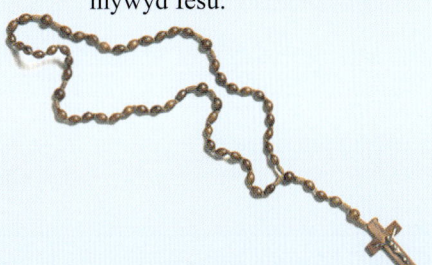

✠ Magnificat

Mae Mair yn uchel ei pharch gan Gristnogion. Mae ei chân o fawl i Dduw, pan mae Elisabeth yn sicrhau fod ei beichiogrwydd yn newyddion da, yn cael ei chanu neu'i hadrodd mewn nifer o eglwysi. Enw'r gân yw'r *Magnificat*, sef y gair cyntaf o'r cyfieithiad Lladin.

11 Stori Luc yn Parhau

Darganfyddwch

Côr angylion:
Salmau 147–150

Genedigaeth Iesu:
Luc 2, hefyd Mathew

Erbyn i Ioan, mab Elisabeth, gael ei eni, roedd amser geni mab Mair yn nesáu hefyd. Yna, daeth cyhoeddiad gan yr ymerawdwr Rhufeinig Cesar Awgwstws a oedd yn gorfodi pawb i newid eu cynlluniau. Roedd yr ymerawdwr eisiau gwneud cyfrifiad drwy'r ymerodraeth gyfan er mwyn trethu pobl yn llawer mwy effeithiol. Roedd yn rhaid i bawb ddychwelyd i'w dref enedigol er mwyn cofrestru yno.

Dywed Luc fod dyweddi Mair, Joseff, o linach y brenin Dafydd, ac felly ei dref enedigol oedd Bethlehem. Teithiodd Mair a Joseff yno gyda'i gilydd. Roedd y dref yn orlawn, achos bod cynifer wedi teithio yno. Yr unig le oedd ar gael iddynt oedd stabl yr anifeiliaid. Yno, ganwyd baban Mair a'i osod yn y preseb.

Y noson honno ar fryniau cyfagos, mae bugeiliaid yn gwarchod eu praidd. Yn sydyn, ymddangosodd angel ynghanol fflach o olau gan wneud datganiad syfrdanol:

"Peidiwch ag ofni, oherwydd wele, yr wyf yn cyhoeddi i chwi y newydd da am lawenydd mawr a ddaw i'r holl bobl: ganwyd i chi heddiw yn nhref Dafydd, Waredwr, yr hwn yw'r Meseia, yr Arglwydd; a dyma'r arwydd i chwi: cewch hyd i'r un bach wedi ei rwymo mewn dillad baban ac yn gorwedd mewn preseb."

Luc 2: 10–12

✝ **Côr angylion**

Mae sawl rhan o'r Beibl yn sôn am angylion yn canu mawl i Dduw. Ceir sôn amdanynt yn llyfr y Salmau, ynghyd â rhestrau o offerynnau cerddorol sy'n addas i foli Duw – trwmped, telyn, ffliwt, drwm a symbal. O ganlyniad, darlunir yr angylion a ymddangosodd i'r bugeiliaid yn canu ac yn chwarae offerynnau mewn gweithiau celf eglwysig.

Yna ymddangosodd côr cyfan o angylion dan ganu:

"Gogoniant yn y goruchaf i Dduw, ac ar y ddaear tangnefedd ymhlith y rhai sydd wrth ei fodd."

Luc 2:14

Y baban yn y preseb

Dywed stori Luc fod Mair wedi lapio ei baban yn y ffordd draddodiadol: mewn cadachau. Darnau hir o ddefnydd yw'r rhain sy'n cael eu tynhau o gwmpas y baban er mwyn ei gadw'n ddiogel a chynnes.

Cafn wedi ei wneud o garreg oedd y preseb, mwy na thebyg – gwely diogel y gellid ei wneud yn gynnes a diddos.

Pan ddiflannodd yr angylion, roedd bugeiliaid yn brysio i Fethlehem gan ddarganfod yr union beth a ddisgrifiwyd gan yr angylion.

✢ Celf eglwysig ac angylion

Ceir nifer o gyfeiriadau at angylion yn y storïau am Iesu, ond ychydig iawn o ddisgrifiadau a gawn ohonynt. Y cyfan a ddywedir yw bod pawb yn ymwybodol mai angylion a welsant a'u bod yn ymddangos yn frawychus i ddechrau. Er hynny mae rhywbeth nefolaidd amdanynt – 'gogoniant Duw'. Disgrifir rhai mewn 'gwisgoedd gwynion'.

Dros y canrifoedd, mae celf eglwysig wedi darlunio angylion fel pobl ifanc brydferth gydag adenydd ac eurgylchau, mewn gwisgoedd gwynion neu ddillad gyda gemwaith cyfoethog.

Llun o angel mewn eglwys Eidalaidd hynafol.

✢ Nadolig

Rydym yn cofio am enedigaeth Iesu yn ystod gŵyl y Nadolig. Mae nifer o Gristnogion yn dathlu'r Nadolig ar Ragfyr 25ain, ond mae'r Eglwys Uniongred yn dathlu ar Ionawr 7fed.

Un traddodiad poblogaidd yw cyfarfod ar noswyl 24ain o Ragfyr wrth iddi droi yn 25ain o Ragfyr, gan ddathlu genedigaeth Iesu am hanner nos. Mae nifer o draddodiadau eraill i'n hatgoffa hefyd – Stori'r Geni. Ceir modelau, golygfeydd o'r preseb, dramâu a sioeau stori'r geni.

12 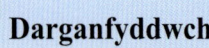 Iesu'r Bachgen yn Mynd i'r Deml

Darganfyddwch

Proffwydoliaeth Simeon:
Luc 1, 2

Iesu yn y Deml:
Luc 2

Dysgu'r Gyfraith:
Deuteronomium 6

Proffwydoliaeth Simeon

Dywedodd yr Angel Gabriel wrth Mair fod yn rhaid iddi alw'r baban yn 'Iesu', a chafwyd seremoni i enwi'r baban wythnos ar ôl ei eni. Yn ddiweddarach, aeth Mair a Joseff â'r Iesu i'r Deml er mwyn ei gyflwyno i Dduw yn ôl y gyfraith. Tra oeddent yno, gofynnodd hen ŵr o'r enw Simeon am gael dal y baban. 'Rydw i'n barod i farw mewn heddwch nawr,' dywedodd. 'Rydw i wedi gweld yr un a ddaw ag achubiaeth Duw i'r bobl.'

Wedi'r digwyddiad, dywed Luc fod Mair a Joseff wedi dychwelyd i Nasareth.

✢ Nunc dimittis

Mae datganiad Simeon, ei fod nawr yn barod i farw mewn heddwch, yn dechrau gyda'r geiriau Lladin *Nunc dimittis*. Defnyddir y geiriau yn aml mewn eglwysi yn ystod angladdau a gwasanaethau hwyrol.

Efengyl Luc yw'r unig un sy'n cofnodi hanes Iesu yn ystod ei blentyndod. Bob blwyddyn, yn ôl Luc, teithiai rhieni Iesu i Jerwsalem i ddathlu Gŵyl y Bara Croyw yn y Deml. Pan oedd Iesu yn ddeuddeg oed, aeth gyda nhw, wrth iddynt deithio yn ôl eu harfer gyda chriw o ffrindiau a theulu.

Ar ôl i'r ŵyl orffen, dechreuodd y criw am adref. Roedd Mair a Joseff yn ffyddiog bod Iesu yn mwynhau ei hunan gyda'i ffrindiau a cherddodd y ddau am ddydd cyfan cyn sylweddoli nad oedd neb yn gwybod ble roedd Iesu.

Rhuthrodd Mair a Joseff yn ôl i Jerwsalem, yn llawn pryder ac ofn. Buont yn chwilio'n ddyfal amdano. Ar y trydydd dydd, daethant o hyd iddo yn y Deml, yn eistedd gyda'r athrawon Iddewig. Roedd yn gwrando ar yr hyn roeddent yn ei ddweud am y grefydd ac yn gofyn cwestiynau. Roedd popeth a ddywedai Iesu yn ddoeth a dangosai ddealltwriaeth ddofn.

Rhuthrodd Mair ato i roi stŵr iddo oherwydd ei fod wedi eu gadael a pheri iddynt boeni.

Aeth Mair a Joseff i chwilio am Iesu.

Roedd athrawon y gyfraith a'r offeiriaid yn mwynhau cyfarfod yn iard y Deml. Cawsant eu synnu gan ddealltwriaeth Iesu.

28

Edrychodd Iesu yn syfrdan arni gan ofyn, 'Pam oedd yn rhaid i chi chwilio amdanaf? Doeddech chi ddim yn gwybod bod yn rhaid i mi fod yn nhŷ fy Nhad?' Yna dychwelodd adref mor ufudd ag erioed.

Buasai Iesu wedi dysgu ysgrifennu geiriau o'r gyfraith ar dabled cwyr tebyg i hwn, mwy na thebyg.

Dysgu'r Gyfraith

Yng nghyfnod Iesu, buasai bechgyn wedi cael eu dysgu am y Gyfraith yn ysgol y synagog. Mae'r geiriau Hebraeg isod yn ddyfyniad enwog o'r ysgrythurau Iddewig a elwir yn Shema:

*Clyw, O Israel,
Yr Arglwydd yw ein Duw,
Yr Arglwydd yn unig.*

Dyma lawysgrifen disgybl:

Mae llythrennau Hebraeg yn cael eu hysgrifennu o'r dde i'r chwith. Mae plant yn cael eu dysgu i hongian y llythrennau oddi ar y llinell – sef i'r gwrthwyneb i'r Saesneg a'r Gymraeg, lle'r ysgrifennir ar y llinell.

13 Dechreuad Newydd Iesu

Darganfyddwch

Temtasiwn Iesu:
Mathew 4, hefyd Marc 1, Luc 4

Fel bechgyn eraill, magwyd Iesu i ddysgu crefft ei dad – fel saer ac adeiladwr. Pan gyrhaeddodd tua deg ar hugain mlwydd oed, daeth newid mawr. Yn ôl Mathew, Marc a Luc, wedi i Iesu gael ei fedyddio gan Ioan, aeth ymaith ar ei ben ei hunan i'r anialwch.

Y blynyddoedd cudd

Ar wahân i stori Luc am Iesu'r bachgen yn y Deml, nid yw'r Efengylau yn dweud llawer am flynyddau cynnar Iesu. Mae'n debyg nad oedd llawer i'w ddweud. Doedd pobl tref Nasareth ddim yn gweld dim yn anghyffredin yn y bachgen. Roedden nhw'n gwybod mai Mair oedd ei fam, er bod sibrydion nad Joseff, ei gŵr, oedd ei dad.

Roedd y math o offer a ddefnyddid gan seiri yn amser Iesu yn syndod o debyg i'r offer a ddefnyddir â llaw hyd heddiw: eitemau megis llif, cŷn a phlaen.

Fel saer ac adeiladwr mewn tref fechan, byddai Iesu wedi helpu i adeiladu tai a chreu offer ffermio. Yn y llun yma, mae saer yn defnyddio dril bwa i wneud tyllau er mwyn mewnosod dannedd metel ar gyfer sled llusg. Defnyddid y sled yma a welir yn pwyso yn erbyn y wal, i ddyrnu.

Mae Nasareth yn dref gyffredin iawn hyd yn oed heddiw. Yn amser Iesu, ni feddyliodd neb y byddai arweinydd grymus yn hanu o'r lle.

Yna arweiniwyd Iesu i'r anialwch gan yr Ysbryd, i gael ei demtio gan y diafol. Wedi iddo ymprydio am ddeugain dydd a deugain nos daeth arno eisiau bwyd.

A daeth y temtiwr a dweud wrtho, "Os Mab Duw wyt ti, dywed wrth y cerrig hyn am droi'n fara."

Ond atebodd Iesu ef, "Y mae'n ysgrifenedig: 'Nid ar fara yn unig y bydd rhywun fyw, ond ar bob gair sy'n dod allan o enau Duw.' "

Yna cymerodd y diafol ef i'r ddinas sanctaidd, a'i osod ar dŵr uchaf y deml, a dweud wrtho, "Os Mab Duw wyt ti, bwrw dy hun i lawr; oherwydd y mae'n ysgrifenedig: 'Rhydd orchymyn i'w angylion amdanat; byddant yn dy godi ar eu dwylo rhag iti daro dy droed yn erbyn carreg.' "

Dywedodd Iesu wrtho, "Y mae'n ysgrifenedig drachefn: 'Paid â gosod yr Arglwydd dy Dduw ar ei brawf.' "

Unwaith eto cymerodd y diafol ef i fynydd uchel iawn, a dangos iddo holl deyrnasoedd y byd a'u gogoniant, a dweud wrtho, "Y rhain i gyd a roddaf i ti, os syrthi i lawr a'm haddoli i." Yna dywedodd Iesu wrtho, "Dos ymaith, Satan; oherwydd y mae'n ysgrifenedig: 'Yr Arglwydd dy Dduw a addoli, ac ef yn unig a wasanaethi.'"

Yna gadawodd y diafol ef, a daeth angylion a gweini arno.

Mathew 4: 1–11

Meddyliodd Iesu yn ofalus am y dewisiadau oedd ganddo. Yn amlwg credai fod ganddo bŵer y gallai ei ddefnyddio . . . Gallai ddefnyddio'r pŵer i ddarparu bwyd – gan roi ei hun yn gyntaf. Gallai fod yn weithiwr rhyfeddodau, gallai fod yn arweinydd grymus. Gwyddai Iesu fod ei alwad yn wahanol. Roedd yn deall yr ysgrythurau ac roedd yn ymwybodol o'r hyn oedd angen iddo ei wneud.

Yn yr anialwch

Aeth yr Iesu i'r anialwch – lle poeth a diffrwyth. Cuddiai lladron a gwrthryfelwyr yng nghanol yr ogofâu. Llechai anifeiliaid gwyllt yn y cysgodion, gan gynnwys nadroedd, bleiddiaid, jacaliaid, a hyd yn oed eirth a llewod.

✝ Y Grawys

Mae Cristnogion yn cofio am y cyfnod o ddeugain diwrnod a dreuliodd Iesu ar ei ben ei hunan yn yr anialwch cyn y Pasg. Yr enw ar y cyfnod yma yw'r Grawys. Yn draddodiadol, cyfnod o ymprydio yw hwn, er yn aml iawn, rhoi'r gorau i rai bwydydd yn unig a wneir. Mae hefyd yn gyfnod pan fo Cristnogion yn treulio amser ychwanegol yn gweddïo ac yn darllen y Beibl.

Mae powlen o ludw a nodau tudalen o sachliain yn rhan o draddodiadau'r Grawys

Mae powlen o ludw yn rhan o draddodiad rhai eglwysi ar ddechrau cyfnod y Grawys – 'Dydd Mercher y Lludw'. Mae'r person sy'n gyfrifol am yr oedfa yn gosod ei fawd yn y lludw ac yna'n gwneud arwydd y groes ar dalcen yr holl addolwyr.

Mae hyn yn dwyn i gof ddau beth: traddodiad hynafol yr Iddewon o wisgo sachliain gan orchuddio'r pen gyda lludw fel arwydd o edifarhau; a chroes Crist, sy'n atgoffa Cristnogion o faddeuant Duw.

14 Neges Newydd Iesu

Darganfyddwch

Tu mewn a thu allan:
Mathew 5–7

Y proffwyd gwrthodedig:
Luc 4, Mathew 13, hefyd Marc 6

Gweddi Iesu:
Luc 18

Tu mewn a thu allan

Yn aml gwelwyd Iesu yn pregethu yn yr awyr agored, ar lan Llyn Galilea neu ar y bryniau gerllaw. Yn wir, y mae ei Bregeth ar y Mynydd ymysg yr enwocaf a draddododd. Fodd bynnag, dywed yr Efengylau ei fod hefyd wedi pregethu yn y synagogau, gan ei bod hi'n beth eithaf cyffredin i wahodd siaradwr gwadd. Ar adegau eraill, câi wahoddiadau gan unigolion iddo i siarad yn eu tai a byddai'n pregethu wrth y dyrfa oedd yn ymgasglu – yn wahoddedigion ac eraill.

Yn draddodiadol, credir mai'r bryniau yma oedd safle y Bregeth ar y Mynydd.

Yn ôl Luc, dechreuodd Iesu bregethu yn ei synagog lleol yn Nasareth. Roedd hi'n ddigon arferol, ac yntau'n aelod o'r gymuned, i rhywun ofyn iddo i ddarllen o'r ysgrythurau. Rhoddwyd llyfr y proffwyd Eseia iddo, a darllenodd y darn hwn:

"Y mae Ysbryd yr Arglwydd arnaf, oherwydd iddo f'eneinio i bregethu'r newydd da i dlodion. Y mae wedi f'anfon i gyhoeddi rhyddhad i garcharorion, ac arferiad golwg i ddeillion, i beri i'r gorthymedig gerdded yn rhydd, i gyhoeddi blwyddyn ffafr yr Arglwydd."

Luc 4: 18–19

Wrth iddo eistedd, datganodd fod y broffwydoliaeth newydd gael ei gwireddu. Gwylltiodd ei wrandawyr, doedden nhw ddim yn gallu credu bod y gŵr ifanc yma roedden nhw'n ei adnabod mor dda, yn honni bod yn broffwyd. Gorfodwyd Iesu i adael.

32

Y proffwyd gwrthodedig

Mae Marc a Mathew hefyd yn crybwyll hanes Crist yn cael ei daflu allan o Nasareth, ond ymddangosa'r stori ymhellach ymlaen yn eu cofnodion nhw. Mae pobl Nasareth yn gwneud y gŵyn yma:

Saif adfeilion y synagog yng Nghapernaum ar sylfaen adeilad cynharach – efallai y synagog y gwyddai Iesu amdano.

> *Ac wedi dod i fro ei febyd, yr oedd yn dysgu yn eu synagog hwy, nes iddynt synnu a dweud, "O ble y cafodd hwn y ddoethineb hon a'r gweithredoedd nerthol hyn?*
>
> *Onid mab y saer yw hwn? Onid Mair yw enw ei fam ef, ac Iago a Joseff a Simon a Jwdas yn frodyr iddo?*
>
> *Ac onid yw ei chwiorydd i gyd yma gyda ni? O ble felly y cafodd hwn yr holl bethau hyn?"*
>
> *Yr oedd ef yn peri tramgwydd iddynt. Dywedodd Iesu wrthynt, "Nid yw proffwyd heb anrhydedd ond yn ei fro ei hun ac yn ei gartref."*

Mathew 13: 54–57

✚ Pechod

Cyhoedda Marc neges Iesu yn glir a syml: 'Mae'r amser wedi dod ac mae teyrnas Duw yn agos! Trowch ymaith oddi wrth bechod a chredwch yn y Newyddion Da!'

Heddiw, defnyddir y gair 'pechod' i olygu nifer o bethau. Pan fo Iesu yn sôn am bechod, mae'n golygu methu â chyrraedd disgwyliadau Duw ynghylch cariad, cyfiawnder a heddwch.

Dros y canrifoedd, mae yna draddodiad Cristnogol wedi bod o gyffesu pechodau a gofyn am faddeuant Duw. Caiff y weddi gyffes fwyaf boblogaidd ei hadnabod weithiau fel gweddi Iesu:

O Dduw, trugarha wrthyf, pechadur ydwyf.

Dyma eiriau sy'n cael eu llefaru gan rywun yn un o ddamhegion Iesu – gellir eu darllen ar dudalen 63.

✚ Rhyddid

Roedd y geiriau a ddarllenodd Iesu o lyfr Eseia yn sôn fod ei newyddion da yn cynnwys dod â rhyddid a chyfiawnder. Yn yr ugeinfed ganrif, dechreuodd rhai Cristnogion ganolbwyntio ar 'Ddiwinyddiaeth Ryddhad'. Mae'r mudiad yma â diddordeb mewn pechod, neu'r hyn mae unigolyn yn ei wneud yn anghywir. Maen nhw hefyd yn credu'n gryf mewn dod â newidiadau i gymdeithas er mwyn sicrhau y gall pawb fyw yn rhydd a chael cyfle cyfartal.

Mae'r Cristnogion yma o ynysoedd y Philipinau yn credu ei bod hi'n iawn i ddefnyddio tactegau herwfilwyr i ennill cyfiawnder i'r tlawd.

15 Yng Nghapernaum

Darganfyddwch

Iacháu yng Nghapernaum:
Mathew 8, Marc 1, Luc 4

Iesu'n galw ei ddisgyblion:
Mathew 4, Marc 1, Luc 5

Stori Ioan am y pysgotwyr:
Ioan 1

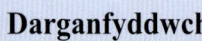

Darganfuwyd adfeilion y tŷ yma o gyfnod Iesu yng Nghapernaum. Fe'i gelwir yn dŷ Sant Pedr. Yn anffodus, does dim tystiolaeth bendant ei fod yn perthyn i Pedr.

Iacháu yng Nghapernaum

Un dydd, pan aeth Iesu i aros at ei ffrind Seimon, roedd mam-yng-nghyfraith Seimon yn dioddef o'r dwymyn. Trwy wyrth, cafodd ei gwella'n syth, ac roedd hi'n gallu gofalu am ei hymwelydd.

Erbyn y noson honno, roedd y newyddion am ddawn Iesu i wella pobl wedi lledu. Daeth torf at Iesu a daethant â chleifion gyda nhw. Iachaodd Iesu'r holl bobl.

Ar ôl i Iesu gael ei wrthod yn Nasareth, teithiodd ychydig o filltiroedd a chyrraedd tref bysgota ar lan y môr o'r enw Capernaum. Cafodd groeso twymgalon gan bysgotwr o'r enw Seimon.

Dechreuodd bobl sylwi ar ddawn Iesu i wella pobl drwy eu cyffwrdd. Yn fuan, roedd tyrfaoedd yn ymgasglu pan roedd yn teithio i lefydd yn pregethu yn y synagogau.

Dechreuodd Iesu hefyd grynhoi grŵp o'i ddilynwyr – ei ddisgyblion.

Wrth gerdded ar lan Môr Galilea gwelodd Iesu Simon a'i frawd Andreas yn bwrw rhwyd i'r môr; pysgotwyr oeddent. Dywedodd Iesu wrthynt,
   "Dewch ar fy ôl i, ac fe'ch gwnaf
      yn bysgotwyr dynion."

A gadawsant eu rhwydau ar unwaith a'i ganlyn ef. Wedi iddo fynd ymlaen ychydig gwelodd Iago fab Sebedeus ac Ioan ei frawd; yr oeddent wrthi'n cyweirio'r rhwydau yn y cwch.

Galwodd hwythau ar unwaith, a chan adael eu tad Sebedeus yn y cwch gyda'r gweision, aethant ymaith ar ei ôl ef.

Marc 1: 16–20

Roedd rhai o ffrindiau pennaf Iesu yn bysgotwyr. Roedd y gwaith yn galed ond roedd yn fywoliaeth dda. Roedden nhw wedi rhoi'r gorau i swydd dda er mwyn dilyn Iesu.

Stori Ioan am y pysgotwyr

Mae stori Ioan am Iesu'n galw'r pysgotwyr yn wahanol i un Marc. Yn Efengyl Ioan, mae Ioan Fedyddiwr yn gweld Iesu ac yn dweud wrth ddau o'i ddisgyblion ei hunan mai Iesu yw un dewisedig Duw. Maent yn dilyn Iesu ac yn treulio'r prynhawn yn gwrando arno. Un o'r rhain oedd Andreas, ac aeth i nôl ei frawd Seimon, gan ddweud wrtho ei fod wedi canfod y Crist – y Meseia.

Pan welodd Iesu Seimon, rhoddodd ffugenw iddo – Pedr, sy'n golygu 'craig'. Yn fuan wedyn, galwodd Iesu ar Philip, sy'n amlwg yn credu bod Iesu wedi ei anfon gan Dduw. Mae Philip wedyn yn gwahodd Nathaniel i ymuno â nhw.

Mae'r adluniad yma o rwyd bysgota o gyfnod Iesu yn dangos rhes o fflotiau ar ochr uchaf y rhwyd a rhes o bwysau ar yr ochr waelod. Buasai'r rhain wedi helpu'r rhwydi i hongian yn fertigol yn y dŵr rhwng dau gwch pysgota fel ffens danddwr. Wrth i'r cychod symud drwy'r dŵr, daliwyd pysgod yn y rhwyd.

35

16 Dilynwyr a Disgyblion

Darganfyddwch

Y casglwr trethi:
Marc 2, hefyd Mathew 9, Luc 5

Dilyn Iesu:
Luc 8, 9, 12, 14, hefyd Mathew 8, 10

Y deuddeg disgybl:
Luc 6, hefyd Mathew 10, Marc 3

Mor agos â theulu:
Marc 3, hefyd Mathew 12, Luc 8

Y casglwr trethi

Un dydd, roedd Iesu yn annerch y dyrfa, pan welodd gasglwr trethi o'r enw Lefi. Galwodd ar Lefi i'w ddilyn, ac yn syth, gadawodd ei ddesg yn y farchnad a'i ddilyn. Dywed traddodiad mai'r un person yw Lefi a'r Efengylwr Mathew.

Roedd Iesu yn ymddangos yn hapus i gael dilynwyr, heb boeni am eu cefndir. Roedd y Phariseaid yn gwrthod ymwneud â mathau arbennig o bobl fel casglwyr trethi ... n, a beirniadwyd Iesu t am wneud hynny.

Mae'r ymerawdwyr Tiberiws ac Awgwstws ar y darnau arian yma. Roedd yn rhaid i bobl dalu trethi i'r Rhufeiniaid. Roeddent yn casáu casglwyr trethi am eu bod yn cydweithio gyda'r Rhufeiniaid.

Pan glywodd y bobl ddameg Iesu am y person a oedd am adeiladu tŵr, efallai mai rhywbeth fel hyn a oedd yn eu meddyliau. Adeiladwyd tyrau tebyg yng nghornel gwinllannoedd. Wrth i gyfnod cynaeafu'r grawnwin agosáu, roedd gweithwyr y winllan ar wyliadwriaeth dydd a nos er mwyn sicrhau na fyddai neb yn dwyn y grawnwin.

Pedwar pysgotwr oedd disgyblion cyntaf Iesu: Pedr ac Andreas, Iago ac Ioan. Fodd bynnag, gwahoddodd Iesu bobl eraill i'w ddilyn yn fuan, ac ymunodd eraill ar eu liwt eu hunain.

Ymhen dipyn, dewisodd Iesu ddeuddeg disgybl i'w gynorthwyo. Treuliodd noson yn gweddïo cyn gwneud ei ddewis.

Roedd llawer o ddilynwyr eraill hefyd. Cyfeiria Luc at nifer o wragedd. Roedd gwraig o'r enw Mair Magdalen (oherwydd ei bod yn dod o Magdala) yn ddyledus iawn i Iesu am ei gwella o glefyd a elwid yn 'saith diafol'; roedd Joanna yn wraig i lywodraethwr swyddogol, a bu iddi hi, a rhywun o'r enw Susannah a nifer o rai eraill, roi eu harian eu hunain i gefnogi Iesu a'i ddisgyblion.

Cost dilyn Iesu

Rhybuddiodd Iesu ei ddilynwyr y byddai'n ymrwymiad enfawr i'w ddilyn. Adroddodd y ddameg ganlynol:

"Oherwydd os bydd un ohonoch chwi yn dymuno adeiladu tŵr, oni fydd yn gyntaf yn eistedd i lawr i gyfrif y gost, er mwyn gweld a oes ganddo ddigon i gwblhau'r gwaith? Onid e, fe all ddigwydd iddo osod y sylfaen ac wedyn fethu gorffen, nes bod pawb sy'n gwylio yn mynd ati i'w watwar gan ddweud, 'Dyma rywun a ddechreuodd adeiladu ac a fethodd orffen.'"

Luc 14: 28–30

Roedd Iesu am i'w ddilynwyr fod yn ymrwymiedig iddo a pheidio ag edrych yn ôl. Os nad oeddent yn cadw eu llygaid arno, byddent mor ddiwerth â ffermwr sy'n methu â chanolbwyntio ar dorri cwys syth.

Rhybuddiodd Iesu ei ddilynwyr y byddai'n rhaid iddynt wynebu beirniadaeth a hyd yn oed cosb am ledu'r neges, ond byddai Duw yn eu helpu:

"Pan ddygant chwi gerbron y synagogau a'r ynadon a'r awdurdodau, peidiwch â phryderu am ddull nac am gynnwys eich amddiffyniad, nac am eich ymadrodd; oherwydd bydd yr Ysbryd Glân yn eich dysgu chwi ar y pryd beth fydd yn rhaid ei ddweud."
Luc 12: 11–12

Byddai'n rhaid iddynt fod yn barod i ymwrthod â'u holl eiddo a gadael i'w teuluoedd ddod yn ail.

Pan oeddent ar y ffordd yn teithio, meddai rhywun wrtho, "Canlynaf di lle bynnag yr ei."

Meddai Iesu wrtho, "Y mae gan y llwynogod ffeuau, a chan adar yr awyr nythod, ond gan Fab y Dyn nid oes lle i roi ei ben i lawr."

Ac meddai wrth un arall, "Canlyn fi." Meddai yntau, "Arglwydd, caniatâ imi yn gyntaf fynd a chladdu fy nhad."

Ond meddai ef wrtho, "Gad i'r meirw gladdu eu meirw eu hunain; dos di a chyhoedda deyrnas Dduw."

Ac meddai un arall, "Canlynaf di, Arglwydd; ond yn gyntaf caniatâ imi ffarwelio â'm teulu."

Ond meddai Iesu wrtho, "Nid yw'r sawl a osododd ei law ar yr aradr, ac sy'n edrych yn ôl, yn addas i deyrnas Dduw."
Luc 9: 57–62

Y deuddeg disgybl

Gelwir dilynwyr agosaf Iesu yn ddisgyblion. Dyma enwau'r deuddeg disgybl:

Seimon Pedr a'i frawd Andreas
Iago a'i frawd Ioan
Philip a Bartholomeus
Mathew a Tomos
Iago
Seimon y Selot
Jiwdas (Thadeus sydd yn Efengylau Mathew a Marc)
Jiwdas Iscariot

Mor glòs â theulu

Ar un achlysur, pan oedd Iesu yn pregethu, daeth ei deulu i'w weld. Roeddent yn pryderu ei fod yn orffwyll ac roedden nhw am iddo ddod adref. Pan glywodd Iesu eu bod yno:

Atebodd hwy, "Pwy yw fy mam i a'm brodyr?" A chan edrych ar y rhain dywedodd, "Dyma fy mam a'm brodyr i. Pwy bynnag sy'n gwneud ewyllys Duw, y mae hwnnw'n frawd i mi, ac yn chwaer, ac yn fam."
Marc 3: 33–35

Mab y Dyn

Roedd Iesu yn cyfeirio ato'i hun yn aml fel Mab y Dyn. Mae gan Gristnogion lawer o syniadau gwahannol am ystyr hyn, ond un ystyr syml yw 'dyn cyffredin'.

17 Gwyrthiau

Yn ôl Mathew, Marc a Luc, dechreuodd Iesu wella pobl drwy wyrthiau yn syth ar ôl iddo ddechrau pregethu. Mae Ioan yn sôn am wyrth wahanol fel yr un gyntaf. Dywedodd ei fod wedi helpu'r disgyblion i gredu yn Iesu.

Y briodas yng Nghanna

Roedd priodas yn nhref Canna yng Ngalilea. Roedd mam Iesu yno, ac roedd Iesu a'i ddisgyblion hefyd wedi cael gwahoddiad.

Mewn priodas Iddewig, mae'r briodferch a'r priodfab yn eistedd o dan ganopi arbennig ac mae'r dathliadau yn digwydd o'u cwmpas.

Darganfyddwch

Y briodas yng Nghanna:
Ioan 2

Llestri dŵr

Roedd y llestri dŵr y cyfeirir atynt yn y stori yn enfawr – yn ddigon o faint i ddal can litr o ddŵr. Mae'n debyg y byddai'n rhaid i'r gweision wneud sawl taith yn ôl a blaen at y ffynnon gyda llestri llai er mwyn eu llenwi.

Darganfuwyd llestri cerrig anferth tebyg i'r rhain ymysg adfeilion tŷ o'r ganrif gyntaf yn Jerwsalem. A hwythau bron i 80 centimedr o uchder, fe'u naddwyd allan o ddarn mawr o garreg cyn eu cerfio'n syml i roi gwaelod pedestal ac addurn syml arnynt. Efallai fod clawr gwastad arnynt hefyd er mwyn cadw llwch a phryfaid allan.

Gwneud gwin

Yn amser Iesu, rhannwyd y dasg o wneud gwin rhwng y gymuned gyfan. Ychydig iawn o ffermwyr allai fforddio gwasg win eu hunain. Yn hytrach, roedd pawb yn rhannu un, ac roedd gwasgu'r grawnwin yn amser o ddathlu a chael hwyl.

Mae'r gwasg win yma yn gweithio drwy bentyrru basgedi o rawnwin er mwyn gwasgu'r sudd allan ohonynt. Math arall o wasg win oedd pydew lle byddai gweithwyr yn gwasgu grawnwin trwy sathru arnynt.

Doedd dim mwy o win gan y gwesteiwr. Am drychineb! Daeth mam Iesu ato a dweud wrtho beth oedd y broblem. 'Ddylech chi ddim dweud wrthyf i beth i'w wneud,' atebodd, 'nid ydy fy amser wedi dod eto.'

Roedd Mair yn siŵr y byddai Iesu yn gwneud rhywbeth a gorchmynnodd i'r gweision wneud yn union beth a ddywedodd ei mab.

Roedd chwe llestr carreg enfawr yn y tŷ – llestri a ddaliai dŵr i ymolchi, tua chan litr yr un. 'Llenwch hwy gyda dŵr,' dywedodd Iesu wrth y gweision. Gwnaethant hynny. 'Nawr rhowch ychydig o'r dŵr i'r gŵr sy'n cynnal y wledd.'

Gwnaethant hynny. Blasodd y gŵr y dŵr a galwodd y priodfab draw ato. 'Blasus iawn' dywedodd wrtho. 'Mae pawb arall yn rhannu'r gwin gorau yn gyntaf, ac ar ôl i'r gwesteion gael digon i'w yfed, mae gwin cyffredin yn gwneud y tro. Ond rydych chi wedi cadw'r gwin gorau tan nawr.'

✝ Defnydd cywir o win

Roedd gwin yn ddiod gyffredin a ddefnyddiwyd yn feunyddiol yng nghyfnod Iesu. Fodd bynnag, mae'r Beibl yn beirniadu meddwdod. O ganlyniad, mae rhai grwpiau o Gristnogion yn ymwrthod yn llwyr ag yfed alcohol tra bo eraill yn ei gynnwys yn hapus mewn cymundeb.

18 Gwyrthiau Iacháu

Mae nifer o wyrthiau Iesu yn wyrthiau iacháu. Fodd bynnag, mae'r storïau yn aml am fwy na gwella'r corff yn unig.

Grym Duw dros ddrygioni

Mae'r Efengylau yn aml yn cyfeirio at Iesu yn gorchymyn i ysbrydion drwg i adael pobl. Dyma un:

> A dyma ddyn yn gweiddi o'r dyrfa, "Athro, rwy'n erfyn arnat i edrych ar fy mab, gan mai ef yw fy unig fab. Y mae ysbryd yn gafael ynddo ac â bloedd sydyn yn ei gynhyrfu nes ei fod yn malu ewyn; ac y mae'n dal i'w ddirdynnu yn ddiollwng bron.
> Erfyniais ar dy ddisgyblion ei fwrw allan, ac ni allasant."
> Atebodd Iesu, "O genhedlaeth ddi-ffydd a gwyrgam, pa hyd y byddaf gyda chwi ac yn eich goddef? Tyrd â'th fab yma."
> Wrth iddo ddod ymlaen, bwriodd y cythraul ef ar lawr a'i gynhyrfu; ond ceryddodd Iesu yr ysbryd aflan, a iacháu'r plentyn a'i roi yn ôl i'w dad.
> Ac yr oedd pawb yn rhyfeddu at fawredd Duw.
>
> **Luc 9: 38–43**

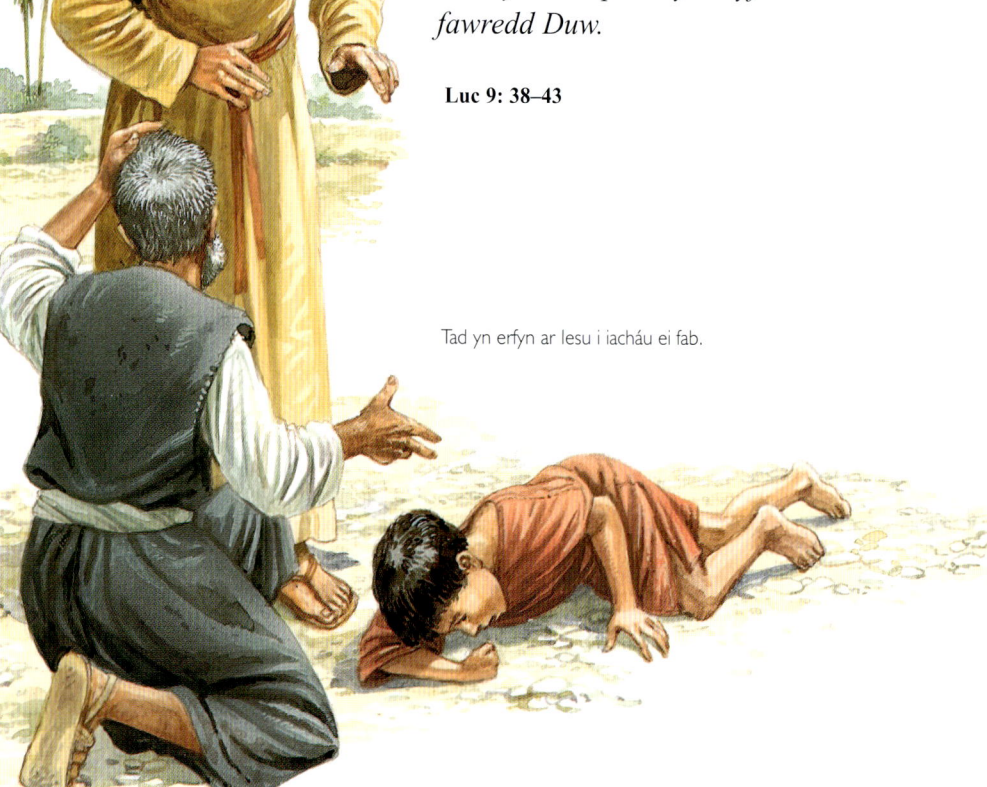

Tad yn erfyn ar Iesu i iacháu ei fab.

Darganfyddwch

Grym Duw dros ddrygioni:
Luc 9, hefyd Mathew 17, Marc 9

Alltudion a dieithriaid:
Luc 17

Ysbrydion drwg

Roedd Iesu yn byw mewn cyfnod pan oedd pobl yn credu mai ysbrydion drwg oedd achos nifer o glefydau. Heddiw, mae'n siŵr y byddai meddygon yn trin nifer o'r clefydau yma yn wahanol iawn. Fodd bynnag, roedd pawb yn cytuno fod rhywbeth drwg yn atal y person rhag byw bywyd llawn a dedwydd. Cafodd Iesu wared ar y drwg yma.

Y Gwahanglwyf

Mae rhai cyfieithiadau o'r Efengylau yn defnyddio'r gair 'gwahanglwyf' wrth gyfeirio at glefyd y croen a wnâi pobl yn alltudion. Erbyn heddiw, cred nifer nad yr un clefyd oedd hwn â'r 'gwahanglwyf' sydd i'w gael heddiw. Er hyn, mae'r cysylltiad rhwng Iesu a'r gwahanglwyf wedi ysbrydoli nifer o Gristnogion dros y canrifoedd i ddefnyddio eu sgiliau meddygol i wella'r clefyd.

Alltudion a dieithriaid

Yn amser Iesu, roedd pobl a oedd yn dioddef o rai clefydau yn cael eu trin fel alltudion. Iachaodd Iesu nifer o bobl felly, gan ddangos bod yna le iddynt yn y gymdeithas.

Yn ôl un hanesyn, roedd alltud a iachawyd hefyd yn ddieithryn. Samariad oedd e. Roedd y Samariaid yn byw mewn ardal gyfagos. Roedd y rhan fwyaf o Iddewon yn eu casáu achos eu bod yn addoli Duw mewn dull gwahanol.

Yr oedd ef, ar ei ffordd i Jerwsalem, yn mynd trwy'r wlad rhwng Samaria a Galilea, ac yn mynd i mewn i ryw bentref, pan ddaeth deg o ddynion gwahanglwyfus i gyfarfod ag ef. Safasant bellter oddi wrtho a chodi eu lleisiau arno: "Iesu, feistr, trugarha wrthym."

Gwelodd ef hwy ac meddai wrthynt, "Ewch i'ch dangos eich hunain i'r offeiriaid." Ac ar eu ffordd yno, fe'u glanhawyd hwy. Ac un ohonynt, pan welodd ei fod wedi ei iacháu, a ddychwelodd gan ogoneddu Duw â llais uchel. Syrthiodd ar ei wyneb wrth draed Iesu gan ddiolch iddo; a Samariad oedd ef.

Atebodd Iesu, "Oni lanhawyd y deg? Ble mae'r naw? Ai'r estron hwn yn unig a gafwyd i ddychwelyd ac i roi gogoniant i Dduw?" Yna meddai wrtho, "Côd, a dos ar dy hynt; dy ffydd sydd wedi dy iacháu di."

Luc 17: 11–19

Dim ond un o'r deg gŵr a iachawyd a ddychwelodd i ddiolch i Iesu.

✝ Iacháu

Dros y canrifoedd, mae Cristnogion wedi parhau gyda'r gwaith o wella cleifion. Maent wedi bod yn rhan o sefydlu ysbytai a gweithio ym myd meddygaeth. Hyd yn oed heddiw, mae Cristnogion yn rhan o dimau sy'n rhoi cymorth i lefydd sydd wedi eu difrodi oherwydd rhyfel, newyn neu drychineb.

Mae nifer o Gristnogion hefyd yn credu yn nerth Duw i wella trwy wyrth. Mae rhai yn mynd ar bererindod i lefydd a gysylltir â iachâd gwyrthiol ac weithiau bydd iachâd yn digwydd yno. Y lle enwocaf i fynd ar bererindod yw Lourdes yn Ffrainc. Mae hyd yn oed y rhai nad ydynt yn cael eu hiacháu yn gorfforol yn dweud eu bod yn cael nerth ac esmwythâd o brofi cariad Duw ar y bererindod.

Person sy'n methu cerdded ar bererindod yn Lourdes.

19 Gwyrthiau a'r Gyfraith

Darganfyddwch

Iacháu dyn wedi'i barlysu:
Marc 2, hefyd Mathew 9, Luc 5

Cadw'r Sabath:
Marc 3, hefyd Mathew 12, Luc 6

Iacháu'r dyn dall:
Ioan 9

Nicodemus:
Ioan 9, hefyd 7, 19

Clwstwr o adeiladau o amgylch iard oedd ble fyddai pobl yn ymgynnull, mwy na thebyg. Roedd grisiau yn arwain at do gwastad o drawstiau pren a oedd wedi eu gorchuddio gyda changhennau a phlastr mwd. Roedd yn rhaid ei atgyweirio'n aml.

Roedd y to gwastad yn rhan ddefnyddiol o'r tŷ – roedd yn lle i storio pethau, yn ogystal ag eistedd ac ymlacio. Roedd cyfraith yn mynnu bod yna wal isel yn amgylchynu'r to er mwyn diogelu pobl.

Yn fuan iawn, roedd gallu Iesu i gyflawni gwyrthiau yn cael sylw negyddol iawn gan yr arweinwyr crefyddol.

Pan ddychwelodd i Gapernaum ymhen rhai dyddiau, aeth y newydd ar led ei fod gartref. Daeth cynifer ynghyd fel nad oedd mwyach le i neb hyd yn oed wrth y drws. Ac yr oedd yn llefaru'r gair wrthynt. Daethant â dyn wedi ei barlysu ato, a phedwar yn ei gario.

A chan eu bod yn methu dod â'r claf ato oherwydd y dyrfa, agorasant do'r tŷ lle'r oedd, ac wedi iddynt dorri trwodd dyma hwy'n gollwng i lawr y fatras yr oedd y claf yn gorwedd arni.

Pan welodd Iesu eu ffydd hwy dywedodd wrth y claf, "Fy mab, maddeuwyd dy bechodau." Ac yr oedd rhai o'r ysgrifenyddion yn eistedd yno ac yn meddwl ynddynt eu hunain, "Pam y mae hwn yn siarad fel hyn? Y mae'n cablu. Pwy ond Duw yn unig a all faddau pechodau?" Deallodd Iesu ar unwaith yn ei ysbryd eu bod yn meddwl felly ynddynt eu hunain, ac meddai wrthynt, "Pam yr ydych yn meddwl pethau fel hyn ynoch eich hunain? P'run sydd hawsaf, ai dweud wrth y claf, 'Maddeuwyd dy bechodau', ai ynteu dweud, 'Côd, a chymer dy fatras a cherdda'? Ond er mwyn i chwi wybod fod gan Fab y Dyn awdurdod i faddau pechodau ar y ddaear" – meddai wrth y claf, "Dyma fi'n dweud wrthyt, côd, a chymer dy fatras a dos adref."

A chododd y dyn, cymryd ei fatras ar ei union a mynd allan yn eu gŵydd hwy oll, nes bod pawb yn synnu ac yn gogoneddu Duw gan ddweud, "Ni welsom erioed y fath beth."

Marc 2: 1–12

Cadw'r Sabath

Roedd Iddewon crefyddol yn ofalus iawn wrth lynu at eu deddfau. Roedd un o'r deg gorchymyn yn mynnu na ddylid gweithio ar y Sabath. Roedd athrawon y Gyfraith (nifer ohonynt yn Phariseaid) wedi ceisio disgrifio beth oedd y deddfau hyn hyd at y manylyn lleiaf. Gwnaeth Iesu rhywbeth yn wahanol:

Aeth i mewn eto i'r synagog, ac yno yr oedd dyn a chanddo law wedi gwywo.

Ac yr oeddent â'u llygaid arno i weld a fyddai'n iacháu'r dyn ar y Saboth, er mwyn cael cyhuddiad i'w ddwyn yn ei erbyn.

A dywedodd wrth y dyn â'r llaw ddiffrwyth, "Saf yn y canol."

Yna dywedodd wrthynt, "A yw'n gyfreithlon gwneud da ar y Saboth, ynteu gwneud drwg, achub bywyd, ynteu ladd?" Yr oeddent yn fud.

Yna edrychodd o gwmpas arnynt mewn dicter, yn drist oherwydd eu hystyfnigrwydd, a dywedodd wrth y dyn, "Estyn dy law." Estynnodd yntau hi, a gwnaed ei law yn iach.

Ac fe aeth y Phariseaid allan ar eu hunion a chynllwyno â'r Herodianiaid yn ei erbyn, sut i'w ladd.

Marc 3: 1–6

Pŵer gan Dduw

Mae Efengyl Ioan yn sôn am wyrth bwysig ble cododd cweryl rhwng Iesu a'r Phariseaid.

Roedd yna ddyn a anwyd yn ddall. Gosododd Iesu fwd ar ei lygaid a phan olchwyd y mwd allan roedd e'n gallu gweld am y tro cyntaf erioed.

Cymerodd y cymdogion ef i weld y Phariseaid er mwyn esbonio beth oedd wedi digwydd. Cythruddwyd y Phariseaid. Buont yn dadlau na allai Iesu fod wedi ei iacháu gan mai pechadur oedd e am nad oedd wedi cadw'r Sabath. Glynodd y dyn at ei stori gan ddweud:

"Fe wyddom nad yw Duw yn gwrando ar bechaduriaid, ond ei fod yn gwrando ar unrhyw un sy'n dduwiol ac yn gwneud ei ewyllys ef.

Ni chlywyd erioed fod neb wedi agor llygaid rhywun oedd wedi ei eni'n ddall.

Oni bai fod y dyn hwn o Dduw, ni allai wneud dim."

Ioan 9: 31–33

Cythruddwyd y Phariseaid cymaint, taflwyd y dyn allan o'r synagog.

I nifer o Gristnogion, mae bedydd yn arwydd o gael eich 'aileni'.

Nicodemus

Doedd pob arweinydd crefyddol ddim yn casáu Iesu. Aeth un, o'r enw Nicodemus, i weld Iesu gyda'r nos. Esboniodd Iesu wrtho mai neges o faddeuant Duw oedd ganddo. Roedd rhai pobl yn canolbwyntio cymaint ar y Gyfraith nes eu bod yn rhy barod i gondemnio'r rhai nad oedd yn cadw ati.

✢ Aileni

Dywedodd Iesu wrth Nicodemus y byddai'n rhaid iddo gael ei 'aileni' er mwyn dod yn rhan o deyrnas Duw – cael bywyd newydd trwy ddŵr ac ysbryd Duw. Dryswyd Nicodemus gan hyn, ond byth oddi ar hynny mae nifer o Gristnogion wedi defnyddio'r term fel ffordd o ddisgrifio sut mae ysbryd Duw wedi newid eu bywyd.

20 Bwyd Gwyrthiol

Darganfyddwch

Bwydo'r pum mil:
Ioan 6, hefyd Mathew 14, Marc 6, Luc 9

Bwydo'r pedair mil:
Mathew 15, Marc 8

Cynigiodd bachgen ei becyn bwyd o fara a physgod i Iesu. Arferai pobl gario bwyd mewn lliain os oeddent allan am y dydd.

Mae'r Efengylau yn dweud bod yr Iesu wedi darparu bwyd gogyfer â thyrfa fawr o bobl trwy wyrth ar fwy nag un achlysur.

Bwydo'r pum mil

Dywed Efengyl Ioan fod tyrfa o bum mil wedi tyrru o gwmpas Iesu oherwydd roedden nhw wedi ei weld yn iacháu'r cleifion. Doedd Iesu ddim am iddynt fynd adref yn llwgu, felly gofynnodd i'r disgyblion ddarparu bwyd ar eu cyfer. Atebodd y disgyblion nad oedd yna unlle i brynu digon o fwyd i bawb, ac nad oedd ganddynt arian.

Gwneud bara

Yng nghyfnod Iesu, bara crwn gwastad a bobwyd, yn debyg i fara pita heddiw.

Cymysgwyd blawd, halen, olew, burum a dŵr a'i adael i godi. Yna pwniwyd y toes cyn ei droi yn gacennau fflat.

Mae'r wraig yn pobi bara ar wal boeth ffwrn siâp cwch gwenyn yn union fel yng nghyfnod Iesu.

A dyma un o'i ddisgyblion, Andreas, brawd Simon Pedr, yn dweud wrtho,

"Y mae bachgen yma a phum torth haidd a dau bysgodyn ganddo, ond beth yw hynny rhwng cynifer?"

Dywedodd Iesu, "Gwnewch i'r bobl eistedd i lawr." Yr oedd llawer o laswellt yn y lle, ac eisteddodd y dynion i lawr, rhyw bum mil ohonynt.

Yna cymerodd Iesu y torthau, ac wedi diolch fe'u rhannodd i'r rhai oedd yn eistedd. Gwnaeth yr un peth hefyd â'r pysgod, gan roi i bob un faint a fynnai.

Ioan 6: 8–11

Ar ddiwedd y pryd bwyd, casglodd y disgyblion deuddeg basgedaid o friwsion. Synnwyd pawb ac roeddent am i Iesu wneud pethau eraill syfrdanol a'i wneud ei hun yn arweinydd. Gwrthododd Iesu. Roedd wedi'i siomi nad oedd pobl yn deall ei wyrthiau ac meddai:

"Gweithiwch, nid am y bwyd sy'n darfod, ond am y bwyd sy'n para i fywyd tragwyddol."

Ioan 6: 27

Esboniodd mai ef oedd bara'r bywyd. Er mwyn plesio Duw a chanfod bywyd tragwyddol, rhaid oedd credu ynddo ef. Nid bwyd rhad oedd pwrpas y wyrth, ond rhywbeth llawer pwysicach.

Bwydo'r Pedair Mil

Mae storïau eraill yn Efengylau Mathew a Marc o Iesu yn bwydo pedair mil o bobl. Maent yn storïau tebyg iawn i borthi'r pum mil. Yn hanes porthi'r pedair mil, saith torth ac ychydig o bysgod bychain sydd gan y disgyblion. Ar ddiwedd yr hanes, mae'r disgyblion yn casglu saith basgedaid o friwsion.

Mae'r mosaig hynafol o'r bara a'r pysgod i'w weld mewn eglwys yng Ngalilea.

21 Dwyn Heddwch

Mae rhai o wyrthiau Iesu yn dangos ei bŵer dros rym naturiol.

Darganfyddwch

Y storm ar y llyn:
Mathew 8, Marc 4, Luc 8

Cerdded ar y dŵr:
Mathew 14, Marc 6, Ioan 6

Grym ffydd:
Luc 17, hefyd Mathew 17

Grym tywyll:
Salm 46

Dyma fosaig o balmant yn nhref Magdala, sy'n darlunio cwch pysgota. Mae'n dyddio o gyfnod Iesu.

Y storm ar y llyn

Un noson, gofynnodd Iesu i'w ddisgyblion am gael mynd mewn cwch i ochr arall y llyn. Roedd hi'n dechrau nosi.

Yn sydyn, cododd y gwynt, a dechreuodd y tonnau orlifo i mewn i'r cwch, nes ei bod yn llenwi gyda dŵr. Roedd Iesu yn cysgu yng nghefn y cwch â'i ben ar glustog. Dihunodd y disgyblion Iesu gan ddweud, 'Athro, dwyt ti ddim yn poeni ein bod ar fin marw?'

Safodd Iesu ar ei draed gan orchymyn y gwynt 'Bydd dawel' a dywedodd wrth y tonnau, 'Byddwch lonydd.' Tawelodd y gwynt a daeth llonyddwch. Yna dywedodd Iesu wrth ei ddisgyblion, 'Pam oeddech chi'n ofni? Ble mae eich ffydd?'

Cafodd y disgyblion fwy fyth o fraw. Pwy oedd Iesu os oedd hyd yn oed grym tywyll y gwynt a'r tonnau yn ufuddhau iddo?

Cerdded ar y dŵr

Ar achlysur arall, aeth disgyblion Iesu allan mewn cwch tra arhosodd Iesu ar y lan. Yn ddiweddarach cododd storm, ac yn ei chanol cerddodd Iesu allan atynt. Gwelsant ef yn cerdded ar y dŵr a chododd hyn fraw arnynt.

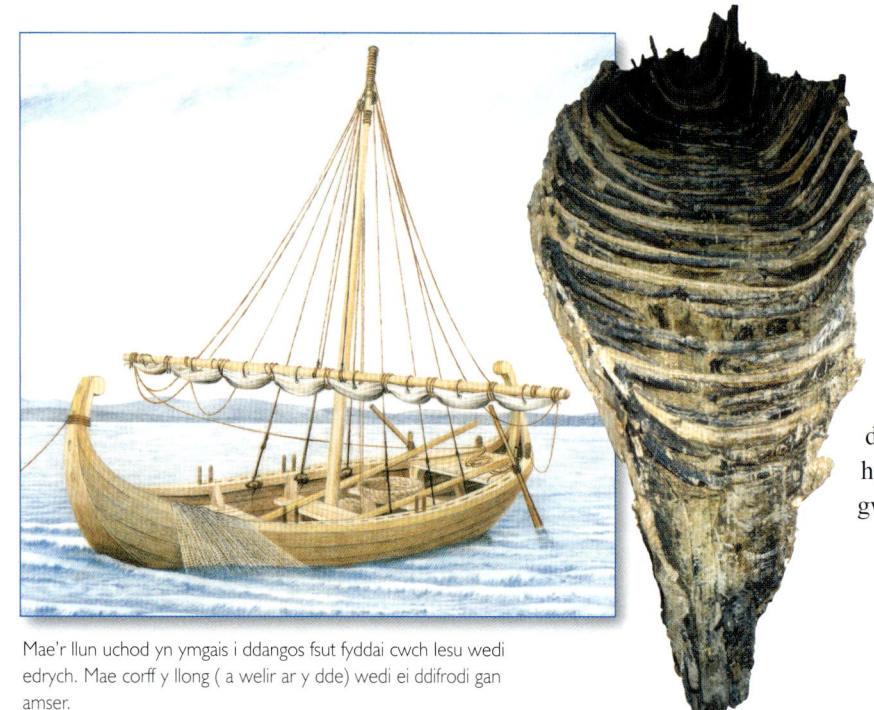

Cwch Iesu

Yn 1985, darganfuwyd gweddillion cwch ym Môr Galilea. Yn ôl profion, roedd wedi ei adeiladu yng nghyfnod Iesu. Efallai ei fod wedi suddo mewn storm ar y llyn, neu ei chwalu gan filwyr Rhufeinig ychydig o flynyddoedd wedi cyfnod Iesu wrth iddynt atal gwrthryfel Iddewig. Beth bynnag fo'r achos, mae'n debygol fod y cwch yr hwyliodd Iesu ynddo yn debyg iddo. Roedd y cwch tua 8 metr o hyd ac ychydig dros 2 fetr o led. Fe'i gwnaed allan o bren derw a chedrwydden.

Mae'r llun uchod yn ymgais i ddangos fsut fyddai cwch Iesu wedi edrych. Mae corff y llong (a welir ar y dde) wedi ei ddifrodi gan amser.

Gofynnodd Pedr i Iesu am iddo gael cerdded ato. Am ychydig gamau, fe wnaeth Pedr hefyd gerdded ar y dŵr. Yna daeth ofn arno a dechreuodd suddo. 'Achuba fi, Arglwydd!' gwaeddodd.

Ar unwaith, cydiodd Iesu ynddo a dywedodd, 'Ti o ychydig ffydd. Pam wnest ti ofni?'

Yna camodd y ddau i'r cwch a distawodd y gwynt.

Syfrdanwyd y disgyblion. Roeddent yn argyhoeddedig mai Mab Duw oedd Iesu.

Grym ffydd

Yn stori y storm a cherdded ar y dŵr, mae'r Iesu yn cael ei synnu oherwydd diffyg ffydd y disgyblion. Ar un achlysur, maent yn gofyn am fwy o ffydd, a dywed Iesu wrthynt:

Ac meddai'r Arglwydd, "Pe bai gennych ffydd gymaint â hedyn mwstard, fe allech ddweud wrth y forwydden hon, 'Coder dy wreiddiau a phlanner di yn y môr, a byddai'n ufuddhau i chwi.'"
Luc 17: 6

Ystyr hyn oedd y byddai'r rheiny a oedd â gwir ffydd yn Nuw yn gallu gwneud pethau anhygoel.

Grymoedd tywyll

Nid oedd yr Iddewon yn forwyr. Yn ôl eu traddodiadau storïol, roedd stormydd yn cynrhychioli anrhefn a drygioni. Roedd y stori am Iesu yn tawelu'r storm yn cynrychioli ei allu ef i waredu'r byd o rymoedd gwyllt a pheryglus.

Mae'r salm hon o'r Beibl Hebraeg yn dangos y gred ddofn fod Duw yn amddiffyn pobl rhag grymoedd gwyllt:

Y mae Duw yn noddfa ac yn nerth i ni, yn gymorth parod mewn cyfyngder. Felly, nid ofnwn er i'r ddaear symud ac i'r mynyddoedd ddisgyn i ganol y môr, er i'r dyfroedd ruo a therfysgu ac i'r mynyddoedd ysgwyd gan ei ymchwydd.
Salm 46: 1–3

22 Cyfodi'r Meirw

Darganfyddwch

Merch Jairus:
Marc 5, hefyd Mathew 9, Luc 9

Iaith Iesu:
Marc 5, 7,15; hefyd Mathew 27

✝ Creiriau sanctaidd

Mae'r stori ar y dudalen hon yn sôn am wraig a iachawyd ar ôl cyffwrdd clogyn Iesu. Yn yr Oesoedd Canol, credwyd bod gan wrthrychau a gyffyrddwyd gan Iesu y pŵer i iacháu.

Gorchfygu marwolaeth yw un o'r pethau na all pobl ddynol ei wneud. Mae'r storïau am Iesu yn atgyfodi'r meirw gyda'r mwyaf syfrdanol amdano.

Merch Jairus

Swyddog yn y synagog lleol oedd Jairus. Roedd ei ferch yn ddifrifol wael. Pan glywodd Jairus fod Iesu yn ymweld â'i dref, rhuthrodd i'w gyfarfod.

Cytunodd Iesu i'w helpu ond methodd â chyrraedd mewn pryd, oherwydd maint y torfeydd. Yn ogystal â hynny, ynghanol yr holl wthio, cyffyrddodd gwraig yng nghlogyn Iesu gan obeithio am iachâd. Sylwodd Iesu fod ei bŵer wedi lleihau a stopiodd i siarad gyda'r wraig a'i hiacháu o glefyd a oedd wedi'i phoeni am flynyddoedd.

Roedd Jairus ar bigau'r drain erbyn hyn. Pam nad oedd Iesu yn brysio? Yna daeth gwas ato gyda newyddion drwg: roedd ei ferch wedi marw.

'Paid ag ofni,' dywedodd Iesu, 'Creda.'

Tyfu yng nghyfnod Iesu

Yn ôl yr Efengyl, roedd merch Jairus tua deuddeg oed. Erbyn yr oed yma, ni ystyriwyd hi fel merch mwyach, ond fel oedolyn gan y byddai nifer o ferched yn priodi yn yr oedran hwn.

Byddai'r mwyafrif o fechgyn yn mynd i'r ysgol i ddysgu Hebraeg a sut i ddarllen ac ysgrifennu, ond roedd disgwyl i ferched aros gartref er mwyn dysgu sut i gadw tŷ. Roedd hyn yn cynnwys tasgau megis paratoi bwyd – malu llafur yn flawd a thyfu llysiau; cario dŵr o'r ffynnon; nyddu gwlân, gwehyddu brethyn a gwneud dillad; gwerthu cynnyrch yn y farchnad gan ennill mwy o arian i'r teulu; ac edrych ar ôl babanod a phlant.

Roedd hi'n draddodiadol yn y cyfnod hwn i alarwyr proffesiynol ymweld â chartref y sawl oedd wedi marw gan wylofain yn uchel.

Pan gyrhaeddasant y tŷ, roedd galarwyr yno eisoes yn llafarganu. Anfonodd Iesu hwy ymaith. Aeth i mewn i'r tŷ gyda Jairus, mam y ferch, a Pedr, Iago ac Ioan.

Aeth at ystafell y ferch a'i gweld yn gorwedd yno. Cymerodd ei llaw a dweud wrthi, 'Talitha, koum,' sy'n golygu, 'Ferch fach, cwyd.'

Cododd ar unwaith.

Iaith Iesu

Yn stori merch Jairus, dywedir bod Iesu wedi llefaru'r geiriau, 'Talitha, koum'. Ychydig iawn o ddyfyniadau eraill a geir yn yr Efengyl o eiriau penodol a ddefnyddiwyd gan Iesu yn ei iaith ei hun. Dyma oedd rhai o eiriau enwocaf Iesu a lefarodd ar y groes:

Ac am dri or gloch gwaeddodd Iesu â llef uchel, "Eloï, Eloï, lema sabachthani", hynny yw, o'i gyfieithu, "Fy Nuw, fy Nuw, pam yr wyt wedi fy ngadael?"
Marc 15:34

Daw'r geiriau o'r iaith Aramaeg, sy'n dod o'r un math o grŵp o ieithoedd a Hebraeg. Dyma un o'r rhesymau y credai pobl mai Aramaeg oedd iaith feunyddiol Iesu. Mae'n debyg ei fod yn deall peth Lladin yn ogystal, gan mai Lladin oedd iaith swyddogol yr Ymerodraeth Rufeinig. Byddai swyddogion y llywodraeth wedi defnyddio Lladin. Fodd bynnag, iaith fwyaf cyffredin yr ymerodraeth oedd Groeg, felly mae'n debyg fod Iesu yn gallu siarad peth Groeg yn ogystal.

23 Lasarus

Darganfyddwch

Pwrpas gwyrthiau:
Mathew 16, Marc 8

Lasarus:
Ioan 11

Mair a Martha:
Luc 10

Ymhlith ffrindiau Iesu roedd dwy chwaer, Mair a Martha, a'u brawd, Lasarus. Roeddent yn byw mewn pentref o'r enw Bethania, ger Jerwsalem.

Pan glywodd Iesu fod Lasarus yn wael, roedd am ei helpu. Fodd bynnag, ni frysiodd ato. Yna, daeth y newyddion fod Lasarus wedi marw. Dywedodd Iesu wrth ei ddisgyblion:

"Y mae Lasarus wedi marw. Ac er eich mwyn chwi yr wyf yn falch nad oeddwn yno, er mwyn ichwi gredu. Ond gadewch inni fynd ato." Ac meddai Thomas, a elwir Didymus, wrth ei gyd-ddisgyblion, "Gadewch i ninnau fynd hefyd, i farw gydag ef."
Ioan 11: 14–15

Pwrpas gwyrthiau

Daeth y Phariseaid at Iesu a gofyn iddo gyflawni gwyrth, 'i ddangos bod Duw yn ei gymeradwyo.' Gwrthododd Iesu. Fodd bynnag, yn stori Lasarus, mae Iesu yn falch fod ei ddisgyblion yn dystion er mwyn helpu iddynt gredu. Mae fel pe bai Iesu'n dweud fod gwyrthiau yno i helpu'r rhai gyda ffydd, ond nid fel sioe i'r sawl sydd heb ffydd.

Syfrdanwyd Mair a Martha wrth iddynt weld Lasarus yn cerdded allan o'i feddrod.

Arferion claddu

Mae hinsawdd gynnes i wlad Iesu, felly roedd hi'n bwysig claddu'r corff cyn gynted â phosib cyn iddo ddechrau pydru. Fe'i lapiwyd mewn lliain a'i gario ar gludwely i'r beddrod.

Roedd y beddrod fel ogof gyda silff oddi mewn i osod cyrff. Roedd y drws wedi'i wneud allan o garreg.

Ar ôl tua blwyddyn, pan roedd y corff wedi pydru, casglwyd yr esgyrn a'u rhoi mewn arch.

Defnyddiwyd arch garreg fel hon yng nghyfnod Iesu. Mae enwau Mair a Joseff arni ond does dim tystiolaeth i gysylltu hon â theulu Iesu.

Mae'r llun yn dangos y fynedfa i 'feddrod Lasarus' ac mae nifer o bererinion yn ymweld â'r safle hyd heddiw. Mae fel ogof yn y graig gyda grisiau yn arwain at ystafell danddaearol.

Wrth iddynt nesáu, clywsant fod Lasarus wedi ei gladdu ers pedwar diwrnod. Daeth Martha allan i groesawu Iesu a'i ffrindiau.

Dywedodd Martha wrth Iesu, "Pe buasit ti yma, syr, ni fuasai fy mrawd wedi marw.

A hyd yn oed yn awr, mi wn y rhydd Duw i ti beth bynnag a ofynni ganddo."

Dywedodd Iesu wrthi, "Fe atgyfoda dy frawd."

"Mi wn," meddai Martha wrtho, "y bydd yn atgyfodi yn yr atgyfodiad ar y dydd olaf."

Dywedodd Iesu wrthi, "Myfi yw'r atgyfodiad a'r bywyd. Pwy bynnag sy'n credu ynof fi, er iddo farw, fe fydd byw; a phob un sy'n byw ac yn credu ynof fi, ni bydd marw byth. A wyt ti'n credu hyn?"

"Ydwyf, Arglwydd," atebodd hithau, "yr wyf fi'n credu mai tydi yw'r Meseia, Mab Duw, yr Un sy'n dod i'r byd."

Ioan 11: 21–27

Pan gyrhaeddodd Iesu, gwelodd Mair yn crio a llawer o bobl yn ceisio cysuro'r ddwy chwaer. Pan aeth Iesu at y beddrod, criodd yntau.

Ogof oedd y bedd, gyda charreg enfawr fel drws. Syfrdanwyd pawb pan orchmynnodd Iesu i'r garreg gael ei symud. Yna galwodd ar Lasarus . . . a daeth hwnnw allan, wedi'i lapio yn nillad y meirw gyda lliain o amgylch ei wyneb.

Mair a Martha

Mae Luc yn sôn am hanes arall yn ymwneud â Mair a Martha.

Roedd Mair yn eistedd wrth draed Iesu gan wrando'n frwd ar ei ddysgeidiaeth. Roedd Martha'n brysur yn cwblhau'r holl ddyletswyddau angenrheidiol er mwyn croesawu eu hymwelwyr.

Pan sylweddolodd Martha nad oedd neb ar gael i'w helpu, roedd hi'n flin. Gofynnodd i Iesu am ddweud wrth Mair i'w helpu. Atebodd Iesu:

Atebodd yr Arglwydd hi, "Martha, Martha, yr wyt yn pryderu ac yn trafferthu am lawer o bethau, ond un peth sy'n angenrheidiol. Y mae Mair wedi dewis y rhan orau, ac nis dygir oddi arni."

Luc 10: 41–42

24 Iesu a'i Ddysgeidiaeth

Darganfyddwch

Damhegion dryslyd:
Mathew 11, 13, Marc 4, 7, Luc 8, 14

Beth yw teyrnas nefoedd?
Mathew 7, hefyd Luc 13

Y wledd:
Luc 14, hefyd Mathew 22

Teyrnas nefoedd:
Mathew 13, Marc 4, Luc 133

Bod fel plentyn:
Mathew 19, Marc 10, Luc 188

Damhegion dryslyd

Beth yw ystyr damhegion Iesu? Wnaeth e ddim eu hesbonio. A dweud y gwir, dywedodd mai'r unig rai a fyddai'n deall y damhegion fyddai ei ddilynwyr . . . ac yn aml roeddent hwy mewn penbleth!

"Os oes gennych glustiau, gwrandewch," meddai Iesu.

Doedd Iesu ddim yn poeni bod pobl ddim yn sylwi ar ei wyrthiau. Roedd am i bobl wrando ar yr hyn roedd ganddo i'w ddweud. Siaradai am deyrnas newydd:

"Edifarhewch, oherwydd y mae teyrnas nefoedd wedi dod yn agos."
Mathew 4:17

Weithiau, esboniodd yn y dull yma:

"Y mae'n rhaid imi gyhoeddi'r newydd da am deyrnas Dduw i'r trefi eraill yn ogystal, oherwydd i hynny y'm hanfonwyd i."
Luc 4:43

Beth yw teyrnas nefoedd?

Dywedodd Iesu fod teyrnas nefoedd yma eisoes. Y bobl oedd yn perthyn oedd y sawl 'a oedd yn gwneud yr hyn mae fy Nhad yn nefoedd am iddynt ei gyflawni'.

Y tlodion yng ngwledd y gŵr cyfoethog.

Rhybuddiodd Iesu fod ufuddhau i Dduw yn waith anodd, gwaith na fedrai llawer ei wneud.

"Ewch i mewn trwy'r porth cyfyng; oherwydd llydan yw'r porth ac eang yw'r ffordd sy'n arwain i ddistryw, a llawer yw'r rhai sy'n mynd ar hyd-ddi. Ond cyfyng yw'r porth a chul yw'r ffordd sy'n arwain i fywyd, ac ychydig yw'r rhai sy'n ei chael."

Mathew 7: 13–14

Teyrnas Duw

Defnyddiodd Iesu lawer o wahanol ddelweddau er mwyn helpu pobl i ddeall mwy am deyrnas nefoedd. Dyma rai enghreifftiau:

Chwyn
Dywedodd Iesu fod teyrnas Duw yn debyg i gae yn llawn o had da. Yn y nos, daeth gelyn a hau hadau chwyn. Tyfodd y planhigion da a drwg gyda'i gilydd. Ar adeg y cynhaeaf, casglwyd y da yn ddiogel ond taflwyd y drwg i ffwrdd.

Burum
Dywedodd Iesu fod teyrnas Duw fel a ganlyn: cymerodd wraig ychydig o furum a'i gymysgu gyda llawer o flawd er mwyn gwneud i'r toes i gyd godi.

Hedyn mwstard
Dywedodd Iesu fod teyrnas nefoedd yn debyg i hedyn mwstard bychan. Mae'n tyfu'n blanhigyn enfawr, a daw adar i nythu ynddo.

Trysor
Dywedodd Iesu fod teyrnas nefoedd yn debyg i drysor y mae dyn yn ei ddarganfod wedi'i gladdu mewn cae. Cyn gynted ag y mae'r dyn wedi darganfod y trysor mae'n ailgladdu'r trysor ac yn gwerthu'r cyfan sydd ganddo er mwyn prynu'r cae.

Perl
Dywedodd Iesu fod teyrnas nefoedd yn debyg i hyn: mae dyn yn chwilio am berl cywrain. Mae'n dod o hyd i'r gorau, felly mae'n mynd i ffwrdd a gwerthu'r cyfan o'i eiddo er mwyn prynu'r perl.

Rhwyd
Dywedodd Iesu fod teyrnas nefoedd fel pysgota. Mae pysgotwyr yn bwrw eu rhwydi ac yna'n casglu'r hyn sydd ynddynt. Maen nhw'n cadw beth sy'n dda ac yn taflu'r drwg i ffwrdd.

Dywedodd Iesu stori i rybuddio 'i wrandawyr yngylch peidio ag ymateb i wahoddiad Duw:

"Yr oedd dyn yn trefnu gwledd fawr. Gwahoddodd lawer o bobl, ac anfonodd ei was ar awr y wledd i ddweud wrth y gwahoddedigion, 'Dewch, y mae popeth yn barod yn awr.' Ond dechreuodd pawb ymesgusodi yn unfryd. Meddai'r cyntaf wrtho, 'Rwyf wedi prynu cae, ac y mae'n rhaid imi fynd allan i gael golwg arno; a wnei di fy esgusodi, os gweli di'n dda?' Meddai un arall, 'Rwyf wedi prynu pum pâr o ychen, ac rwyf ar fy ffordd i roi prawf arnynt; a wnei di fy esgusodi, os gweli di'n dda?'

Ac meddai un arall, 'Rwyf newydd briodi, ac am hynny ni allaf ddod.' Aeth y gwas at ei feistr a rhoi gwybod iddo. Yna digiodd meistr y tŷ, ac meddai wrth ei was, 'Dos allan ar unwaith i heolydd a strydoedd cefn y dref, a thyrd â'r tlodion a'r anafusion a'r deillion a'r cloffion i mewn yma.' Pan ddywedodd y gwas, 'Meistr, y mae dy orchymyn wedi ei gyflawni, ond y mae lle o hyd,' meddai ei feistr wrtho, 'Dos allan i'r ffyrdd ac i'r cloddiau, a mynn ganddynt hwy ddod i mewn, fel y llenwir fy nhŷ; oherwydd rwy'n dweud wrthych na chaiff dim un o'r rheini oedd wedi eu gwahodd brofi fy ngwledd.'"

Luc 14: 16–24

Bod fel plentyn

Dywedodd Iesu y byddai plant yn gartrefol iawn yn y deyrnas. Un dydd, daeth pobl â phlant ymlaen i weld Iesu gan ofyn iddo eu bendithio. Roedd y disgyblion am eu hanfon ymaith, gan ddweud fod Iesu yn llawer rhy brysur. Galwodd Iesu'r bobl yn ôl ato. Dywedodd:

"Gadewch i'r plant ddod ataf fi a pheidiwch â'u rhwystro, oherwydd i rai fel hwy y mae teyrnas nefoedd yn perthyn."

Mathew 19:14

25 Mae rhai yn Clywed ac Eraill yn Gwneud

Dywedodd Iesu fod pobl yn ymateb i deyrnas Duw mewn ffyrdd gwahanol. Mae'r stori yma yn esbonio beth oedd e'n ei feddwl.

Darganfyddwch

Dameg yr heuwr:
Mathew 13, hefyd Marc 4, Luc 8

Caeau ar y bryniau sy'n amgylchynu Llyn Galilea. Byddai'r bobl a wrandawodd ar ddameg yr heuwr gan Iesu wedi byw ar dir tebyg, lle tyfai chwyn tal a phigog mewn daear garegog.

Mae had yn cael ei aredig i mewn i'r tir ar ôl iddo gael ei hau.

Dameg yr heuwr

"Aeth heuwr allan i hau. Ac wrth iddo hau, syrthiodd peth had ar hyd y llwybr, a daeth yr adar a'i fwyta. Syrthiodd peth arall ar leoedd creigiog, lle ni chafodd fawr o bridd, a thyfodd yn gyflym am nad oedd iddo ddyfnder daear.

Ond wedi i'r haul godi fe'i llosgwyd, ac am nad oedd iddo wreiddyn fe wywodd. Syrthiodd hadau eraill ymhlith y drain, a thyfodd y drain a'u tagu. A syrthiodd eraill ar dir da a ffrwytho, peth ganwaith cymaint, a pheth drigain, a pheth ddeg ar hugain.

Y sawl sydd â chlustiau ganddo, gwrandawed."

Mathew 13: 3–9

Dyma un ddameg y bu Iesu'n ei hesbonio – nid i'r dorf, ond i'w ddisgyblion.

Mae'r had yn cynrychioli'r bobl sy'n clywed neges Iesu am y deyrnas.

Mae rhai pobl fel yr had sy'n syrthio ar y llwybr: maent yn clywed y geiriau ond nid ydynt yn deall. Mae'r 'Un Drwg' yn dod gan gipio unrhyw ddealltwriaeth oedd ganddynt.

Mae eraill fel yr had a syrthiodd ar dir caregog. Maent yn gwrando a deall y neges. Maent yn dechrau byw bywyd newydd ond pan aiff pethau'n anodd maent yn rhoi'r ffidil yn y to.

Mae eraill fel yr had a syrthiodd i ganol y drain. Maent yn credu yr hyn a glywsant ond mae gofidiau beunyddiol a'u cariad at gyfoeth materol yn eu hatal rhag gwneud dim.

"A'r un sy'n derbyn yr had ar dir da, dyma'r un sy'n clywed y gair ac yn ei ddeall, ac yn dwyn ffrwyth ac yn rhoi peth ganwaith cymaint, a pheth drigain, a pheth ddeg ar hugain."
Mathew 13:23

Hau had

Yng nghyfnod Iesu heuwyd yr had yn y dull a ddisgrifir yn y ddameg. Dyma bennill am flwyddyn amaeth yn seiliedig ar yr hyn fyddai Iesu yn gyfarwydd ag ef:

Dau fis o gynhaeafu'r olewydd
Yna dau fis i hau'r grawn
Dau fis i hau'r had hwyrach
Drwy law y gaeaf maith.

Mis i ddigroeni llin
A'i adael i sychu yn yr haul
Mis i gasglu barlys
Mae'r cynhaeaf wedi dod.

Mis i gasglu'r gwenith
A gwledda gyda hapusrwydd a hwyl
Dau fis i ofalu am y grawnwin
Sy'n digoni'r ddaear oll â gwin.

Mis i gasglu ffrwythau'r haf
Sy'n aeddfedu yn y gwres.
Rhowch ddiolch i Dduw, a greodd y byd
Sy'n cynhyrchu bwyd i'n digoni.

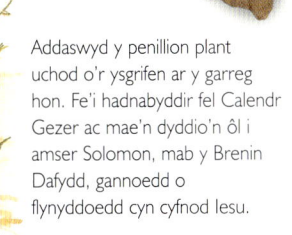

Addaswyd y penillion plant uchod o'r ysgrifen ar y garreg hon. Fe'i hadnabyddir fel Calendr Gezer ac mae'n dyddio'n ôl i amser Solomon, mab y Brenin Dafydd, gannoedd o flynyddoedd cyn cyfnod Iesu.

26 Teyrnas o Gydraddoldeb

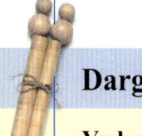

Darganfyddwch

Yr hen ddeddfau:
Deuteronomium 17

Y sawl sydd flaenaf ac olaf:
Mathew 20

Llefydd mewn gwledd:
Luc 14

Meibion y daran:
Marc 10, hefyd Mathew 20

Y mwyaf blaenllaw yn y deyrnas:
Mathew 18, hefyd Marc 9, Luc 9

Yr hen ddeddfau

Doedd y syniad fod pawb yn gyfartal yng ngolwg Duw ddim yn un newydd. Roedd yr ysgrythurau a ddarllenodd Iesu a'i wrandawyr yn eu hatgoffa bod eu cyndeidiau yn gaethweision a mewnfudwyr yn yr Aifft amser maith yn ôl. O ganlyniad, ddylen nhw ddim lladd ar bobl nad oedd yn perthyn. Dylai hyd yn oed brenin ufuddhau i'r gorchymyn yma:

Ac nid yw i luosogi gwragedd, rhag i'w galon fynd ar gyfeiliorn, nac i amlhau arian ac aur yn ormodol.

Pan ddaw i eistedd ar orsedd ei deyrnas, y mae i arwyddo copi iddo'i hun o'r gyfraith hon mewn llyfr yng ngŵydd yr offeiriaid o Lefiaid.

A bydd hwnnw ganddo i'w ddarllen holl ddyddiau ei fywyd, er mwyn iddo ddysgu ofni'r Arglwydd ei Dduw a chadw holl eiriau'r gyfraith hon, a gwneud yn ôl y rheolau hyn, rhag iddo ei ystyried ei hun yn uwch na'i gymrodyr, neu rhag iddo wyro i'r dde nac i'r chwith oddi wrth y gorchymyn, ac er mwyn iddo estyn dyddiau ei frenhiniaeth yn Israel iddo'i hun a'i ddisgynyddion.

Deuteronomium 17: 17–20

Mae'r hyn a ddywed Iesu am y deyrnas yn gallu bod yn ddryslyd ar adegau. Fodd bynnag, mae Cristnogion yn credu bod Iesu yn rhannu newyddion da am Dduw sy'n hael ac yn un sy'n trin pawb yn gyfartal. Yr unig rai nad ydynt yn hoffi'r syniad yma yw'r rhai sy'n credu eu bod yn well na phobl eraill.

Y blaenaf a'r olaf

Dywedodd Iesu fod teyrnas nefoedd fel hyn:

Roedd gan ŵr cyfoethog winllan. Adeg y cynhaeaf aeth i'r farchnad yn y bore bach i chwilio am weithwyr tymhorol. Daeth o hyd i rai a chytunwyd ar gyflog: un darn arian. Am naw o'r gloch, sylweddolodd fod angen mwy o weithwyr arno, felly cyflogodd mwy ohonynt, gan addo cyflog teg iddynt. Gwnaeth yn union yr un peth am dri ac yna am bump.

Am chwech o'r gloch, roedd hi'n amser gorffen gwaith am y dydd. Cafodd y dynion a gyflogwyd am bump o'r gloch ddarn arian. Rhoddodd yr un fath i bawb arall gan gynnwys y gweithwyr a gyflogwyd ar ddechrau'r dydd. Dechreuodd y rhieni gwyno.

Atebodd y perchennog gan ddweud, 'Gwrandewch, dydw i ddim wedi eich twyllo. Fe wnaethoch chi gytuno i weithio am un darn arian. Nawr cymerwch yr arian ac ewch adref. Roeddwn am roi'r 'run cyflog i bob dyn heddiw. Onid oes gen i'r hawl i wneud beth rydw i eisiau gyda fy arian? A ydych chi'n genfigennus o'm cyfoeth?'

Gorffennodd Iesu drwy ddweud, 'Bydd yr olaf yn flaenaf, a'r blaenaf yn olaf.'

Llefydd yn y wledd

Ar un achlysur, sylwodd Iesu fod nifer o bobl a wahoddwyd i wledd yn dewis eistedd yn y llefydd gorau. Rhybuddiodd hwy fod hyn yn beth peryglus: efallai fod rhywun mwy pwysig wedi eu gwahodd. Byddent yn teimlo cywilydd pe bai'n rhaid iddynt symud. Rhoddodd y cyngor yma: 'Pan rydych yn cael eich gwahodd, ewch i eistedd yn y lle mwyaf di-nod, yna daw y gwesteiwr atoch gan ddweud, "Dewch fy ffrind, symudwch i le gwell." Bydd hyn yn dwyn anrhydedd arnoch yng ngŵydd y gwesteion eraill. Oherwydd gostyngir y mawrion, ac fe ddyrchefir y rhai gostyngedig.'

Meibion y daran

Gofynnodd mam Iago ac Ioan i'r Iesu am sicrhau safle o rym iddynt yn ei deyrnas. Dywedodd Iesu mai Duw yn unig a fyddai'n penderfynu. Cythruddwyd y disgyblion eraill fod dau o'u plith eisiau cael eu dyrchafu. Rhybuddiodd Iesu:

"Ond nid felly y mae yn eich plith chwi; yn hytrach, pwy bynnag sydd am fod yn fawr yn eich plith, rhaid iddo fod yn was i chwi, a phwy bynnag sydd am fod yn flaenaf yn eich plith, rhaid iddo fod yn gaethwas i bawb. Oherwydd Mab y Dyn, yntau, ni ddaeth i gael ei wasanaethu ond i wasanaethu, ac i roi ei einioes yn bridwerth dros lawer."
Marc 10: 43–45

Y mwyaf yn y deyrnas

Un dydd, gofynnodd disgybl i Iesu, 'Pwy ydy'r mwyaf yn nheyrnas nefoedd?'

Galwodd Iesu ar blentyn i ddod i sefyll o'u blaen. Dywedodd wrth ei ddisgyblion byddai'n rhaid iddynt fod fel plant er mwyn mynd i mewn i deyrnas nefoedd:

"Pwy bynnag, felly, fydd yn ei ddarostwng ei hun i fod fel y plentyn hwn, dyma'r un sydd fwyaf yn nheyrnas nefoedd."
Mathew 18:4

Yn amser y Beibl, roedd yn rhaid i blant greu teganau allan o ddeunyddiau syml. Mae'r gêm bwrdd yma wedi ei chrafu ar garreg a defnyddiwyd cerrig mân i chwarae'r gêm.

✣ Byw yn gyfartal

Oherwydd dysgeidiaeth Iesu ar gydraddoldeb, mae rhai grwpiau o Gristnogion yn gweithio'n galed i sicrhau nad oes neb yn bwysicach na'i gilydd o fewn yr eglwys. Mae hyd yn oed y bobl sydd â chyfrifoldebau arbennig heb deitlau pwysig. Maent yn cyfeirio at ei gilydd fel brodyr a chwiorydd.

Mae'r merched Amish yma wedi eu gwisgo bron yn union yr un fath. Mae eu gwisg yn adlewyrchu eu penderfyniad i fyw bywyd syml a chydradd.

Mae gan rai grwpiau o Gristnogion reolau caeth am eu ffordd o fyw er mwyn ceisio byw yn gydradd ag eraill. Un enghraifft o hyn yw'r grwpiau o ailfedyddwyr yng ngogledd America, y bobl Amish, yr Huteriaid a'r Menoniaid. Mae nifer ohonynt yn dewis gwisgo mewn dull a ddewiswyd yn gyntaf 'nôl yn yr unfed ganrif ar bymtheg a'r ail ganrif ar bymtheg. Ychydig iawn o wahaniaeth lliw a steil sydd iddynt. Dros y canrifoedd, mae eu ffydd gadarn a'u hymroddiad yn wyneb tynnu coes cyson wedi ennill parch mawr iddynt.

27 Y Cyfoethog a'r Deyrnas

Darganfyddwch

Pwy sy'n hapus?:
Luc 6, hefyd Mathew 5

Ffrindiau cyfoethog Iesu:
Luc 8

Y gŵr ifanc cyfoethog:
Marc 10, hefyd Mathew 19, Luc 18

Dameg am gyfoeth:
Luc 12

Peidiwch â phoeni:
Mathew 6, Luc 12

Pwy sy'n hapus?

Dywedodd Iesu:

"Gwyn eich byd chwi'r tlodion, oherwydd eiddoch chi yw teyrnas Dduw. Gwyn eich byd chwi sydd yn awr yn newynog.

"Ond gwae chwi'r cyfoethogion, oherwydd yr ydych wedi cael eich diddanwch. Gwae chi sydd yn awr wedi eich llenwi, oherwydd daw arnoch newyn. Gwae chi sydd yn awr yn chwerthin oherwydd cewch ofid a dagrau."

Luc 6: 20–21, 24–25

Ffrindiau cyfoethog Iesu

Roedd gan Iesu ddilynwyr cyfoethog. Dywedodd Luc fod nifer o wragedd cyfoethog gan gynnwys Joanna a Susannah yn gwario'u harian ar alluogi Iesu a'i ddisgyblion i weinidogaethu drwy bregethu ac addysgu.

All person cyfoethog berthyn i deyrnas Duw? Nid yn hawdd, meddai Iesu. Rhybuddiodd y cyfoethog y gallai eu cyfoeth eu harwain ar gyfeiliorn a gwneud iddynt droi cefn ar wir werthoedd.

"Peidiwch â chasglu ichwi drysorau ar y ddaear, lle mae gwyfyn a rhwd yn difa, a lle mae lladron yn torri trwodd ac yn lladrata. Casglwch ichwi drysorau yn y nef, lle nad yw gwyfyn na rhwd yn difa, a lle nad yw lladron yn torri trwodd nac yn lladrata. Oherwydd lle mae dy drysor, yno hefyd bydd dy galon."
Matthew 6: 19–21

Y gŵr ifanc cyfoethog

Un diwrnod, gofynnodd gŵr ifanc cyfoethog i'r Iesu beth oedd angen iddo'i wneud er mwyn cael bywyd tragwyddol. Roedd y gŵr ifanc yn ymwybodol bod yn rhaid iddo gadw holl orchmynion Duw a byw yn gywir, felly dywedodd Iesu wrtho mai un peth oedd ar ôl iddo ei wneud: gwerthu ei holl eiddo a rhoi'r arian i'r tlodion, yna ymuno gyda'r disgyblion a'i ddilyn ef.

Doedd y gŵr ifanc ddim yn teimlo y gallai wneud hyn. Ond roedd hyd yn oed y disgyblion wedi syrfdanu wrth glywed beth ddywedodd Iesu nesaf:

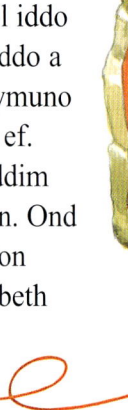

"Mor anodd fydd hi i'r rhai goludog fynd i mewn i deyrnas Dduw! . . . Y mae'n haws i gamel fynd trwy grau nodwydd nag i ddyn cyfoethog fynd i mewn i deyrnas Duw!"
Marc 10: 23–25

Dameg am gyfoeth

Adroddodd Iesu y stori hon am y peryglon o ymddiried mewn arian:

Roedd yna ŵr cyfoethog gyda thir a gynhyrchai gnydau da. Yna dechreuodd un peth ei boeni: doedd dim digon o ysguboriau ganddo i storio'r holl rawn. Beth allai ei wneud? Sut allai edrych ar ôl ei gyfoeth? Yna cafodd syniad. 'Dymchwelaf fy hen ysguboriau ac adeiladu rhai mwy!' dywedodd. 'Yna gallaf ddatgan fy mod yn ddyn ffodus: gyda phob peth sydd ei angen i'r dyfodol. Gallaf fwynhau bywyd, bwyta, yfed a mwynhau.'

Ond y noson honno, bu farw. Doedd ei gyfoeth yn werth dim iddo. Roedd yn gyfoethog yn y byd yma, ond nid cyfoeth oedd yn bwysig i Dduw.

Gweddillion plasty gŵr cyfoethog o amser Iesu a ddarganfuwyd yn Jerwsalem. Roedd ystafelloedd ysblennydd a lloriau mosaig yn y tŷ moethus. Roedd y perchenogion yn gallu fforddio gwydrau a llestri prydferth yn ogystal â dillad ysblennydd gan ddewis ffasiwn Rhufeinig os oeddent yn dymuno hynny.

Mae'r crochenwaith yma sydd wedi eu haddurno'n gain yn rhan o gasgliad a ddarganfuwyd yn y plasty yn Jerwsalem. Mae Iesu yn rhybuddio pobl rhag caru meddiannau materol yn ormodol.

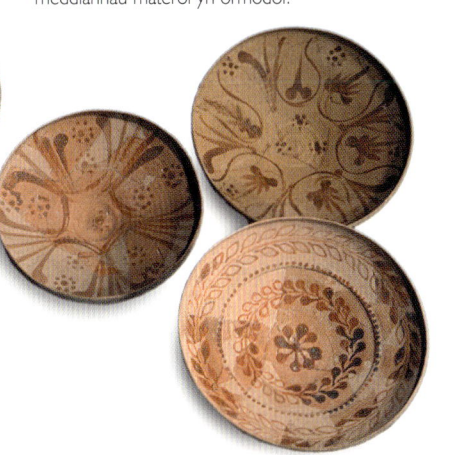

Peidiwch â phoeni

Gwraidd y drwg yn ôl Iesu yw fod pobl yn poeni yn ormodol am bethau materol y byd, a'r hyn maent ei eisiau, yn hytrach na'r hyn sy'n bwysig i Dduw.

'Edrychwch ar yr adar,' meddai Iesu. 'Dydyn nhw ddim yn hau nac yn medi cnydau ond eto mae Duw yn darparu bwyd iddynt.' 'Ac edrychwch ar y blodau,' dywedodd Iesu. 'Dydyn nhw ddim yn gweithio na dilladu eu hunain. Ond mae'r petalau sydd amdanynt yn dlysach na gwisgoedd brenhinoedd.

'Yn hytrach, meddyliwch yn bennaf oll am deyrnas Duw a beth mae'n ddisgwyl gennych, a bydd Duw yn darparu popeth arall i chi.'

Cymerodd oriau hirfaith i wneud tiwnig o liain syml fel hyn – gan ddechrau drwy gynaeafu y planhigion llin – ac eto dilladodd Duw y blodyn llin glas a'r blodyn y dydd gwyn gyda phrydferthwch naturiol.

28 Gweddi

Darganfyddwch

Gweddi'r Arglwydd:
Luc 11, Mathew 6

Pwysigrwydd maddeuant:
Mathew 18

Mae'r Efengylau yn dweud bod Iesu yn aml yn codi'n fore ac yn mynd allan i'r wlad. Yna, byddai'n gweddïo, gan dreulio amser yn siarad gyda Duw.

Sylwodd ei ddisgyblion ar hyn. Mae Luc yn dweud bod y disgyblion wedi gofyn i Iesu am eu dysgu i weddïo fel y gwnaeth Ioan Fedyddiwr ddysgu ei ddisgyblion yntau. Rhoddodd Iesu y weddi hon iddynt:

Gweddi'r Arglwydd

Y weddi a ddysgai Iesu yw'r un a ddefnyddir fwyaf yn y ffydd Gristnogol. Fe'i gelwir yn Ein Tad neu Weddi'r Arglwydd ac fe'i defnyddir gan Gristnogion drwy'r byd.

Dyma un fersiwn ohoni a ddefnyddir heddiw:

Ein Tad,
yr Hwn wyt yn y nefoedd,
Sancteiddier dy Enw,
Deled dy deyrnas,
Gwneler dy ewyllys
megis yn y nef,
felly ar y ddaear hefyd,
Dyro i ni heddiw ein bara beynyddiol.
A maddau i ni ein dyledion,
fel y maddeuwn ninnau i'n dyledwyr,
Ac nac arwain ni i brofedigaeth,
eithr gwared ni rhag y drwg.

Mae yna ddiweddglo traddodiadol sydd wedi cael ei ddefnyddio gan Gristnogion ers canrifoedd:

Canys eiddo ti yw'r deyrnas,
Y gallu a'r gogoniant,
Yn oes oesoedd.
Amen

"Dad, sancteiddier dy enw: deled dy deyrnas; dyro i ni o ddydd i ddydd ein bara beunyddiol; a maddau inni ein pechodau, oherwydd yr ydym ninnau yn maddau i bob un sy'n troseddu yn ein herbyn; a phaid â dwyn i brawf.' "
Luc 11: 2–4

Mae Mathew yn cyflwyno'r un weddi, gydag ychydig o wahaniaethau. Mae'n weddi fer, ond yn ddigonol, yn ôl Iesu.

'Ein Tad yn y nefoedd, sancteiddier dy enw;

deled dy deyrnas; gwneler dy ewyllys, ar y ddaear fel yn y nef.

Dyro inni heddiw ein bara beunyddiol;

a maddau inni ein troseddau, fel yr ŷm ni wedi maddau i'r rhai a droseddodd yn ein herbyn;

a phaid â'n dwyn i brawf, ond gwared ni rhag yr Un Drwg.'
Mathew 6: 9–13

Wrth wraidd y weddi mae'r syniad y bydd y byd hwn yn eiddo i Dduw ac y bydd pawb yn byw yn ôl ei ewyllys yn barod i gyffesu a maddau pob pechod.

Pwysigrwydd maddeuant

Un dydd, daeth Pedr at Iesu gan ofyn iddo: "Os oes rhywun yn parhau i wneud drwg i mi, sawl gwaith mae'n rhaid imi faddau iddynt? Saith gwaith?"

"Na", atebodd Iesu. 'Nid saith gwaith, ond saith deg wedi ei luosogi â saith, oherwydd fel yma yw teyrnas nefoedd. Unwaith roedd yna frenin a oedd am wybod faint oedd yn ddyledus iddo gan ei weision. Darganfyddodd bod gan un dyn ddyled o filiynau o bunnoedd i'w dalu iddo.

Plediodd y gwas am faddeuant ac fe'i cafodd

Anfonodd am y gŵr a mynnodd gael ei arian yn ôl.

"Ond dwi ddim yn gallu talu," plediodd y gŵr.

"Yna byddi'n cael dy gosbi," dywedodd y brenin. Gorchmynnodd i'r gŵr gael ei werthu fel caethwas, yn ogystal â'i wraig a'i blant.

"Byddwch yn amyneddgar," ymbiliodd y gŵr. "Rhowch amser imi, ac mi dalaf bob ceiniog yn ôl i chi'.

O'i weld yn crio, tosturiodd y brenin wrtho. Maddeuodd iddo ac anghofiodd am y ddyled.

Pan aeth y gŵr ymaith, daeth o hyd i was arall yr oedd arno ychydig o bunnoedd iddo. Cydiodd ynddo gerfydd ei grys. "Rhaid i ti ad-dalu dy holl ddyled a hynny'n fuan", bygythiodd.

"Bydd yn amyneddgar" plediodd y gwas. "Rho ychydig o amser imi ac mi dalaf bopeth yn ôl i ti."

'Ond ni thosturiodd y gŵr wrtho a chafodd y gwas ei garcharu.

Pan glywodd y brenin beth oedd wedi digwydd roedd yn gandryll. "Dylet ti fod wedi tosturio wrth y gŵr, fel y gwnes i gyda thithau," esboniodd. "Ond nawr cei dithau dy ddanfon i'r carchar nes i ti dalu pob ceiniog yn ôl."

Esboniodd Iesu, "Dyma sut fydd fy nhad yn y nefoedd yn delio â phob un ohonoch os nad ydych yn fodlon maddau i'ch brodyr".

✚ Pater Noster

Mae geiriau Gweddi'r Arglwydd ar furiau'r eglwys lle y credir y dysgodd Iesu'r weddi i'w ddisgyblion. Mae'r fersiwn Lladin yn dechrau gyda'r geiriau enwog 'Pater Noster'.

Mae'r eglwys hefyd yn cynnwys gweddïau mewn nifer o ieithoedd o amgylch y byd . . . ac mae lle i fwy.

Dyn yn gweddïo wrth fersiwn Ethiopaidd o'r Pater Noster.

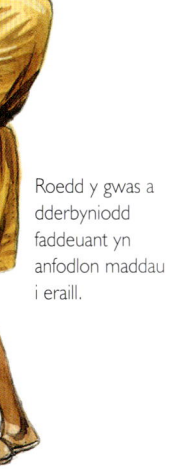

Roedd y gwas a dderbyniodd faddeuant yn anfodlon maddau i eraill.

29 Mwy am Weddïo

Darganfyddwch

Ffydd yn naioni Duw:
Mathew 7, hefyd Luc 11

Sut i weddïo:
Luc 18

Paid ag ymffrostio:
Mathew 6, 23, Marc 12, hefyd Deuteronomium 6, 11; Numeri 15

Gweddi Gristnogol:
Philipiaid 2

Dywedodd Iesu fod yna ffordd gywir ac anghywir i weddïo. Rhoddodd sawl esiampl o hyn ac adroddodd y ddameg hon – yn arbennig i'r bobl hunangyfiawn hynny a oedd yn casáu pawb a phopeth.

"Aeth dau ddyn i fyny i'r Deml i weddïo, y naill yn Pharisead a'r llall yn gasglwr trethi.

"Safodd y Pharisead wrtho'i hun a gweddïo fel hyn: 'O Dduw, yr wyf yn diolch iti am nad wyf fi fel pawb arall, yn rheibus, yn anghyfiawn, yn odinebus, na chwaith fel y casglwr trethi yma. Yr wyf yn ymprydio ddwywaith yr wythnos, ac yn talu degwm ar bopeth a gaf.'

Ffydd yn naioni Duw

Yn Efengyl Mathew, mae Iesu yn dangos fod Duw eisiau ateb gweddïau. Mae'n gofyn i'w wrandawyr a fyddai'r rhieni yn eu plith fyth yn rhoi rhywbeth gwael i'w plant: A fyddai unrhyw un ohonoch yn rhoi carreg i'ch mab pan fo'n gofyn am fara?'

Wrth gwrs mae rhieni yn bell o fod yn berffaith, ond maent yn ceisio gwneud eu gorau dros eu plant. Mae Duw yn dipyn mwy caredig, meddai Iesu: Tad cariadus yn y nefoedd.

Mae'r ddau ddyn yma yn gweddïo yn iard fewnol y Deml yn Jerwsalem.

"Ond yr oedd y casglwr trethi yn sefyll ymhell i ffwrdd, heb geisio cymaint â chodi ei lygaid tua'r nef; yr oedd yn curo ei fron gan ddweud, 'O Dduw, bydd drugarog wrthyf fi, bechadur.'

"Rwy'n dweud wrthych, dyma'r un a aeth adref wedi ei gyfiawnhau, nid y llall; oherwydd darostyngir pob un sy'n ei ddyrchafu ei hun, a dyrchefir pob un sy'n ei ddarostwng ei hun."

Luc 18: 10–14

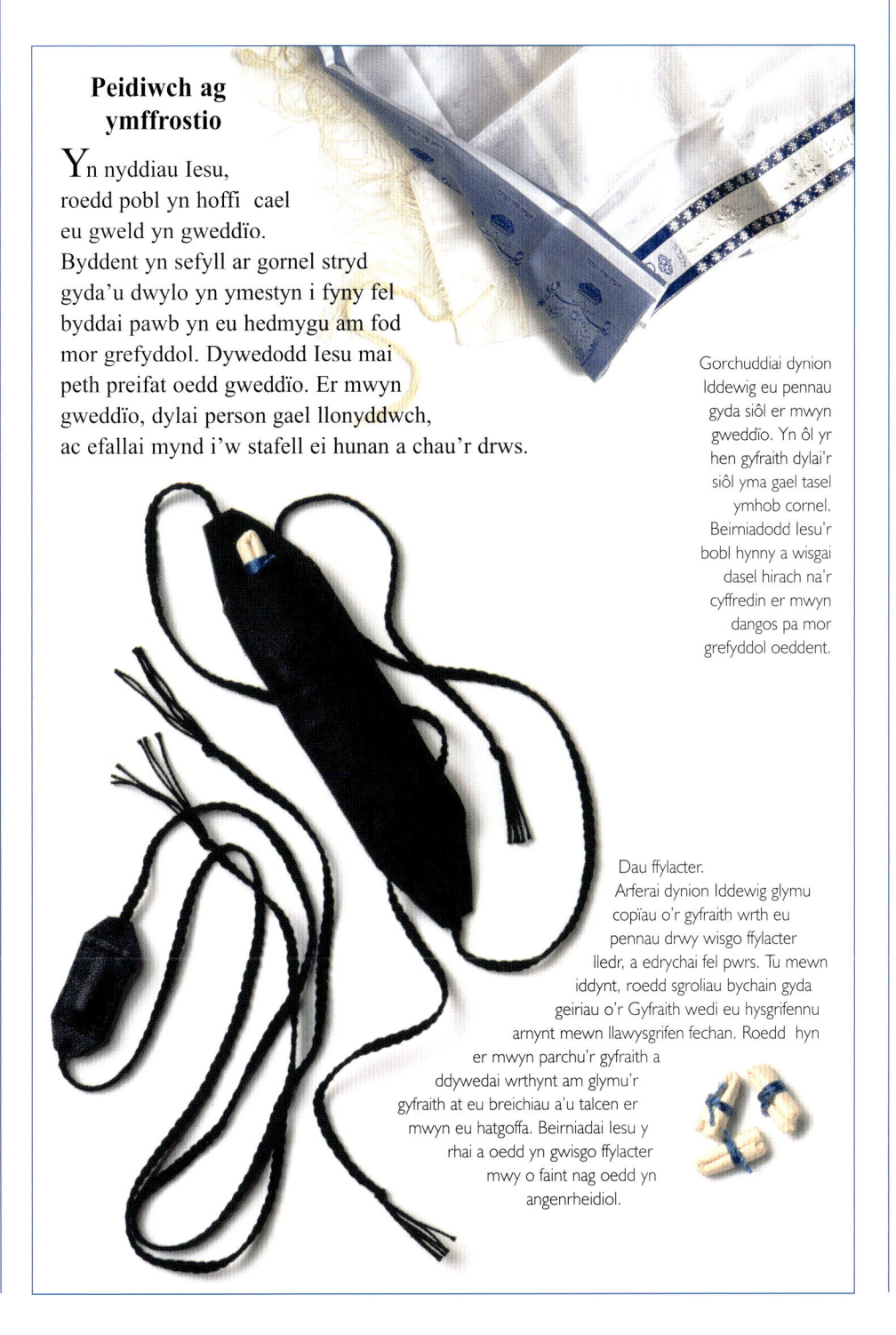

Peidiwch ag ymffrostio

Yn nyddiau Iesu, roedd pobl yn hoffi cael eu gweld yn gweddïo. Byddent yn sefyll ar gornel stryd gyda'u dwylo yn ymestyn i fyny fel byddai pawb yn eu hedmygu am fod mor grefyddol. Dywedodd Iesu mai peth preifat oedd gweddïo. Er mwyn gweddïo, dylai person gael llonyddwch, ac efallai mynd i'w stafell ei hunan a chau'r drws.

Gorchuddiai dynion Iddewig eu pennau gyda siôl er mwyn gweddïo. Yn ôl yr hen gyfraith dylai'r siôl yma gael tasel ymhob cornel. Beirniadodd Iesu'r bobl hynny a wisgai dasel hirach na'r cyffredin er mwyn dangos pa mor grefyddol oeddent.

Dau ffylacter. Arferai dynion Iddewig glymu copïau o'r gyfraith wrth eu pennau drwy wisgo ffylacter lledr, a edrychai fel pwrs. Tu mewn iddynt, roedd sgroliau bychain gyda geiriau o'r Gyfraith wedi eu hysgrifennu arnynt mewn llawysgrifen fechan. Roedd hyn er mwyn parchu'r gyfraith a ddywedai wrthynt am glymu'r gyfraith at eu breichiau a'u talcen er mwyn eu hatgoffa. Beirniadai Iesu y rhai a oedd yn gwisgo ffylacter mwy o faint nag oedd yn angenrheidiol.

✝ Gweddi Gristnogol

Mae'r murlun hwn o fila Rhufeinig yn dangos crediniwr Cristnogol yn gweddïo. Yn ystod canrifoedd cynnar y ffydd, roedd pobl yn sefyll i weddïo, yn union fel y gwna Iddewon hyd at heddiw. Mae'r traddodiad o benlinio sy'n cael ei arfer gan nifer o Gristnogion heddiw yn deillio o linell mewn llythyr yn y Testament Newydd:

"Fel wrth enw Iesu y plygai pob glin yn y nef ac ar y ddaear a than y ddaear, ac y cyffesai pob tafod fod Iesu Grist yn Arglwydd, er gogoniant Duw Dad."

Philipiaid 2: 10–11

Mewn rhai eglwysi mae addolwyr yn plygu glin pan enwir Iesu.

63

30 Dysgeidiaeth Iesu am Fywyd Cyfiawn

Darganfyddwch

Dwylo glân:
Marc 7, hefyd Mathew 15

Carwch eich gelynion:
Mathew 5, hefyd Luc 6

Gwneud daioni yn y dirgel:
Mathew 6

Disgleirio daioni:
Mathew 5

Geiriau neu weithredoedd:
Mathew 21

Dwylo glân

Beirniadwyd Iesu a'i ddilynwyr gan rai o'r Phariseaid ac athrawon y gyfraith am fwyta heb olchi eu dwylo. Nid poeni am fudreddi oedden nhw – ond yn hytrach bod defod grefyddol wedi ei hanwybyddu.

Eglurodd Iesu nad oedd dim a allai person ei fwyta ei wneud yn frwnt yn llygaid Duw. Dywedodd:

"Yr hyn sy'n dod allan o rywun, dyna sy'n ei halogi. Oherwydd o'r tu mewn, o galon dynion, y daw allan feddyliau drwg, puteinio, lladrata, llofruddio, godinebu, trachwantu anfadwaith, twyll, anlladrwydd, cenfigen, cabledd, balchder ac ynfydrwydd."
Marc 7: 20–22

Roedd gan Iddewon crefyddol reolau llym ynghylch golchi ond roedd hi'n ymddangos nad oedd Iesu yn eu cymryd o ddifri.

Gwraidd neges Iesu yw fod Duw yn fodlon maddau i bawb. Fodd bynnag, mae Iesu hefyd yn cynghori pobl sut y dylent fyw.

"Peidiwch â thybio i mi ddod i ddileu'r Gyfraith na'r proffwydi; ni ddeuthum i ddileu ond i gyflawni."
Mathew 5:17

Carwch eich gelynion

Esboniodd Iesu fod y Gyfraith yn gyfyngedig. Mae'n dweud wrth bobl am osgoi gwneud drygioni, fel llofruddio a godinebu; mae hefyd yn disgrifio'r gosb i'r rhai sy'n torri'r cyfraith. Dywedodd Iesu fod byw yn gyfiawn yn mynd tipyn yn ddyfnach. Nid yn unig y dylid osgoi llofruddio: ni ddylid ildio i gasineb a dicter hyd yn oed. Nid yn unig y dylid osgoi godineb: dylid sicrhau fod pob perthynas yn bur. Ddylech chi ddim meddwl eich bod yn dda os ydych ond yn mynnu dial ar rywun oherwydd eu bod wedi gwneud cam â chi : gnewch ddaioni.

"Clywsoch fel y dywedwyd, 'Câr dy gymydog, a chasâ dy elyn.' Ond rwyf fi'n dweud wrthych: carwch eich gelynion, a gweddïwch dros y rhai sy'n eich erlid."
Mathew 5: 43–44

Dangosodd Iesu ei fod ef yn barod i faddau. Dywed Luc fod yr Iesu wedi gweddïo dros ei elynion wrth farw ar y groes:

"O Dad, maddau iddynt, oherwydd ni wyddant beth y maent yn ei wneud."
Luc 23:34

Gwneud daioni yn y dirgel

Ni ddylid ymffrostio am fyw yn gyfiawn, rhybuddiodd Iesu. Dylech roi i'r tlodion yn y dirgel. Bydd Duw yn sylwi ar y weithred ac yn bendithio'r sawl a'i gwnaeth am eu caredigrwydd.

Disgleirio daioni

Ni ellir cuddio gwir ddaioni. Bydd pobl gyfiawn yn llewyrchu mewn byd tywyll. Bydd pawb yn sylwi ar y bobl sy'n byw yn ôl ffordd Duw gan y byddant yn gwneud gwir wahaniaeth yn y byd. O ganlyniad, byddant yn moli Duw.

Geiriau neu weithredoedd

Rhybuddiodd Iesu nad oedd pawb a oedd yn honni gwneud daioni yn eu cyflawni. Bydd Duw yn gweld y gwirionedd. Dywedodd y stori yma.

"Ond beth yw eich barn chwi ar hyn? Yr oedd dyn a chanddo ddau fab. Aeth at y cyntaf a dweud, 'Fy mab, dos heddiw a gweithia yn y winllan.'

Dangosodd y ddau fab barch tuag at eu tad trwy yr hyn roeddent yn ei wneud.

"Atebodd yntau, 'Na wnaf'; ond yn ddiweddarach newidiodd ei feddwl a mynd.

"Yna fe aeth y tad at y mab arall a gofyn yr un modd. Atebodd hwnnw, 'Fe af fi, syr'; ond nid aeth.

"P'run o'r ddau a gyflawnodd ewyllys y tad?"

"Y cyntaf," meddent. Dywedodd Iesu wrthynt, "Yn wir, rwy'n dweud wrthych fod y casglwyr trethi a'r puteiniaid yn mynd i mewn i deyrnas Dduw o'ch blaen chwi. Oherwydd daeth Ioan atoch yn dangos ffordd cyfiawnder, ac ni chredasoch ef. Ond fe gredodd y casglwyr trethi a'r puteiniaid ef. A chwithau, ar ôl ichwi weld hynny, ni newidiasoch eich meddwl a dod i'w gredu."

Mathew 21: 28–32

✝ Rhoddion yn y dirgel

Un o hoff storïau y traddodiad Cristnogol yw am ŵr a roddai roddion yn y dirgel. Clywodd esgob yn nhref Myra am deulu a chanddynt dair merch. Roedd y teulu mor dlawd fel na allent fforddio gwaddol priodasol. Aeth yr esgob i'r tŷ liw nos gan daflu bagiau o aur i mewn iddo.
Dywed rhai ei fod wedi taflu'r aur drwy'r ffenestr; cred eraill ei fod wedi ei daflu i lawr y simne a bod rhai o'r darnau aur wedi rholio i ganol sanau ac esgidiau a oedd yn sychu ger y tân. Sant Niclas oedd y gŵr, a daeth yn enwog o gwmpas y byd – Siôn Corn. Daw'r traddodiad Nadolig o roi anrhegion yn y dirgel o'r stori hon – ac o ddysgeidiaeth Iesu.

Sant Niclas â'r tair merch

31 Pwy yw fy Nghymydog?

Darganfyddwch

Carwch eich cymydog:
Luc 10

Cyfreithiau pwysig:
Deuteronomium 6, Lefiticus 19, Ecsodus 20, hefyd Deuteronomiwm 5

Roedd athrawon y gyfraith yn chwilfrydig ac mewn penbleth o achos yr hyn a ddywedodd Iesu. Fodd bynnag, roeddent yn ddrwgdybus o'r ffaith fod Iesu yn ymddangos yn amharchus tuag at y Gyfraith. Un dydd, ceisiodd un o athrawon y Gyfraith gornelu Iesu drwy ofyn cwestiwn a fyddai yn ei orfodi i ddweud pethau a fyddai'n profi eu bod nhw'n gywir.

"Athro," gofynnodd. "Beth mae'n rhaid i mi wneud i gael bywyd tragwyddol?"

Atebodd Iesu, "Beth a ddywed yr ysgrythurau? Sut ydych yn eu dehongli?"

Atebodd y dyn, "'Câr yr Arglwydd dy Dduw a'th holl galon, ac a'th holl enaid, ac a'th holl nerth, ac a'th holl feddwl;'" a "'Châr dy gymydog fel ti dy hun.'"

"Cywir," atebodd Iesu; "gwna hyn a byddi fyw."

Ond gofynnodd y dyn, "Pwy yw fy nghymydog?"

Stori yn unig yw stori y Samariad trugarog. Fodd bynnag mae'r lleoliad rhwng Jerwsalem a Jerico yn bodoli. Mae'r dafarn hynafol yn fan ymweld i nifer o bererinion heddiw er mwyn eu hatgoffa o stori Iesu.

Brysiodd yr offeiriad a'r Lefiaid heibio i'r gŵr clwyfedig ar y ffordd. Byddai cynulleidfa Iesu wedi deall beth oedd un rheswm dros weithred ddidostur y ddau yma: roedd yr hen gyfreithiau yn dweud bod cyffwrdd â pherson marw yn eich gwneud yn aflan – ac nad oedd modd cymryd rhan mewn unrhyw ddefod grefyddol nes eich bod wedi cael eich puro. Mae stori Iesu yn datgan bod caredigrwydd yn llawer pwysicach.

Adroddodd Iesu y ddameg hon:

"Yr oedd rhyw ddyn yn mynd i lawr o Jerwsalem i Jericho, a syrthiodd i blith lladron. Wedi tynnu ei ddillad oddi amdano a'i guro, aethant ymaith, a'i adael yn hanner marw.

Fel y digwyddodd, yr oedd offeiriad yn mynd i lawr ar hyd y ffordd honno; pan welodd ef, aeth heibio o'r ochr arall.

Yr un modd daeth Lefiad hefyd at y man; gwelodd ef, ac aeth heibio o'r ochr arall. Ond daeth teithiwr o Samariad ato; pan welodd hwn ef, tosturiodd wrtho. Aeth ato a rhwymo ei glwyfau, gan arllwys olew a gwin arnynt; gosododd ef ar ei anifail ei hun, a'i arwain i lety, a gofalu amdano. Trannoeth tynnodd ddau ddarn arian allan a'u rhoi i'r gwesteiwr, gan ddweud, "Gofala amdano. Os byddi wedi gwario rhywbeth dros ben, fe dalaf fi yn ôl iti pan ddychwelaf."

"P'run o'r tri hyn, dybi di, fu'n gymydog i'r dyn a syrthiodd i blith lladron?"

Meddai ef, "Yr un a gymerodd drugaredd arno." Ac meddai Iesu wrtho, "Dos, a gwna dithau yr un modd."

Luc 10: 25–37

Credai'r Iddewon bod Moses wedi derbyn y deg gorchymyn gan Dduw, ar dabledi carreg.

Cyfreithiau pwysig

Dyfynnodd athro y Gyfraith ddau ddarn o'r ysgrythur i ateb Iesu:

"Câr di Arglwydd dy Dduw â'th holl galon ac â'th holl nerth."

Deuteronomium 6:5

"Yr wyt ti i garu dy gymydog fel ti dy hun."

Lefiticus 19:18

Roedd y ddwy gyfraith yma yn grynodeb o gannoedd o gyfreithiau eraill. Crynodeb enwog arall yn yr ysgrythurau yw'r deg gorchymyn, sy'n cynnwys cyfarwyddyd ynghylch caru Duw a charu eich cymydog.

- Myfi ydy'r Arglwydd, dy Dduw. Addola Duw yn unig.
- Paid â gwneud delwau nac ymgrymu i eilunod.
- Paid â chamddefnyddio fy enw i hyrwyddo drygioni.
- Cofia'r Sabath a'i gadw'n sanctaidd.
- Parcha dy dad a'th fam.
- Paid â lladd.
- Paid â godinebu.
- Paid â dwyn.
- Paid â dweud celwydd.
- Paid â chwenychu eiddo eraill.

32 Pobl a Gyfarfu Iesu

Darganfyddwch

Y wraig o Samaria:
Ioan 4

Y wraig odinebus:
Luc 7, hefyd Mathew 26, Marc 14

Pwy erioed sydd heb bechu?:
Ioan 8

Samariaid ac Iddewon

Roedd y Samariaid yn dod o ardal o'r enw Samaria. Roedd ganddynt eu traddodiadau crefyddol eu hunain ac nid oeddynt yn parchu y deml yn Jerwsalem yn yr un ffordd.

Ers dros ganrif roedd nifer o frwydrau gwaedlyd wedi bod rhwng y Samariaid a'r Iddewon.

Pan oedd Iesu yn blentyn bu digwyddiad difrifol yn y Deml yn Jerwsalem pan wasgarwyd esgyrn gan rai Samariaid yno. Ystyriwyd hyn yn beth gwarthus.

Oherwydd yr holl resymau hyn, roedd yr Iddewon a'r Samariaid yn casáu ei gilydd.

Nid dim ond dweud wrth bobl eraill am ddangos caredigrwydd at ei gilydd wnaeth Iesu. Roedd ef ei hun yn croesawu pob math o bobl i'w gwmni.

Y wraig o Samaria

Ar un achlysur, roedd Iesu yn teithio trwy Samaria. Yng nghanol gwres y dydd, eisteddodd wrth ffynnon i orffwyso yn nhref Sychar. Aeth y disgyblion yn eu blaenau i brynu bwyd.

Daeth gwraig at y ffynnon i dynnu dŵr a gofynnodd Iesu iddi am lymaid.

Cafodd y wraig sioc: roedd hi'n gwybod na fyddai'r rhan fwyaf o Iddewon byth yn rhannu cwpan gyda Samariad.

Dywedodd Iesu wrthi:

"Pe bait yn gwybod beth yw rhodd Duw, a phwy sy'n gofyn iti, 'Rho i mi beth i'w yfed,' ti fyddai wedi gofyn iddo ef a byddai ef wedi rhoi i ti ddŵr bywiol." **Ioan 4:10**

Samaria

Saif Samaria rhwng gwlad enedigol Iesu, Galilea, a Jwdea, ble roedd yr addoliad yn troi o gwmpas y Deml. Byddai nifer o Iddewon yn dargyfeirio gryn bellter er mwyn osgoi Samaria.

Dyffryn Samaria.

Arhosodd i siarad gyda hi er ei fod yn ymwybodol bod pobl yn ei chymuned yn edrych i lawr arni a hithau wedi chwalu sawl perthynas.

Dywedodd Iesu wrthi hefyd nad oedd y ddadl fawr rhwng y Samariaid a'r Iddewon ynghylch lle y dylid addoli yn bwysig bellach.

"Ond y mae amser yn dod, yn wir y mae yma eisoes, pan fydd y gwir addolwyr yn addoli'r Tad mewn ysbryd a gwirionedd, oherwydd rhai felly y mae'r Tad yn eu ceisio i fod yn addolwyr iddo."

Ioan 4:23

Aeth y wraig i nôl pobl eraill o'r pentref, a daeth nifer i wrando arno gan groesawu ei neges.

Y wraig odinebus

Un dydd, gwahoddodd Pharisead o'r enw Seimon Iesu i gael swper. Yn nhŷ Pharisead sicrhawyd fod pob deddf am fwyd a glanweithdra yn cael eu parchu yn ofalus.

Yn yr un dref, roedd gwraig gyda chefndir amheus – putain oedd hi. Daeth i wybod ble oedd Iesu ac aeth i'w gyfarfod. Aeth â phersawr drudfawr gyda hi. Roedd hi'n llefain a golchodd ei dagrau draed Iesu. Yna tywalltodd y persawr drosto a sychu ei draed gyda'i gwallt.

Cythruddwyd y Pharisead. 'Os yw hwn yn broffwyd yna byddai'n gwybod hanes y wraig yma, a'r bywyd roedd hi'n dewis ei ddilyn."

Atebodd Iesu Seimon drwy adrodd dameg. 'Roedd dau berson mewn dyled i fenthyciwr arian,' dywedodd. 'Pum cant darn arian oedd dyled un, a'r llall, pum deg darn arian. Doedd y naill na'r llall ddim yn gallu ad-dalu'r ddyled, felly diddymodd ddyled y ddau. Pa un felly, a oedd yn ei garu fwyaf?'

Roedd yr ateb yn hawdd i Seimon; buasai'r gŵr gyda'r ddyled enfawr yn hapusach na'r gŵr â'r ddyled lai. Esboniodd Iesu fod diolchgarwch hael y wraig yn debyg i orfoledd rhywun a oedd wedi clirio'u dyledion: roedd y wraig yn ymwybodol o'i holl bechodau a bod angen maddeuant arni.

Yna dywedodd Iesu wrth y wraig fod ei phechodau wedi eu maddau.

Pwy erioed sydd heb bechu?

Mae efengyl Ioan yn cynnwys stori am Iesu yn dysgu yn y Deml yn Jerwsalem. Llusgwyd gwraig ofnus o'i flaen a oedd wedi ei dal yn godinebu o flaen Iesu gan athrawon y gyfraith a'r Phariseaid. Atgoffwyd Iesu mai llabyddio oedd y gosb yn ôl cyfraith Moses. Ni ruthrodd Iesu i'w hateb. Yna dywedodd:

'Pwy bynnag ohonoch sy'n ddibechod, gadewch i hwnnw fod yn gyntaf i daflu carreg ati.'

Pob yn un, aeth yr erlynwyr i ffwrdd. Dywedodd Iesu wrth y wraig:

"Wraig, ble maent? Onid oes neb wedi dy gondemnio?"

Meddai hithau, "Neb, syr."

Ac meddai Iesu, "Nid wyf finnau'n dy gondemnio chwaith. Dos, ac o hyn allan paid â phechu mwyach."

Ioan 8: 1–7, 10–11

Dysglau persawr o gyfnod Iesu.

33 Mwy o Bobl a Gyfarfu Iesu

Darganfyddwch

Casglwr trethi:
Luc 19

Y canwriad:
Mathew 8, hefyd Luc 7

Saif Jerico ar werddon naturiol ac mae'n le ffrwythlon gwyrdd mewn gwlad ddiffaith.

Jerico

Cyfarfu Iesu â'r casglwr trethi, Sacheus, yn Jerico. Y ddinas yma – sydd dal yn bodoli heddiw, yw un o'r hynaf yn y byd. Saif mewn dyffryn cynnes a chysgodol gyda dŵr ffres yn tarddu yno. Yng nghyfnod Iesu, roedd cyfoethogion Jerwsalem yn hoffi cael ail gartref yno.

Athro crefyddol oedd Iesu, ac roedd mwyafrif o athrawon crefyddol y cyfnod yn teimlo bod eu ffydd yn arbennig iddynt. Roedd Iesu yn anghyffredin yn y ffordd roedd yn delio gyda thramorwyr, a hyd yn oed yr Iddewon hynny a gydweithiai gyda'r Rhufeiniaid.

Y casglwr trethi

Ar un achlysur, roedd Iesu ar ei ffordd i Jerwsalem pan basiodd drwy dref Jerico. Prif gasglwr trethi y dref oedd dyn or enw Sacheus. Roedd yn ŵr cyfoethog iawn, a gwyddai pawb y rheswm pam! Roedd e'n casglu trethi dros y Rhufeiniaid gan gymryd ychwaneg iddo'i hun. Twyllai bobl drwy gasglu tipyn mwy nag oedd yn ddyledus ganddynt.

Roedd Sacheus eisiau gweld Iesu, yr athro enwog yma roedd pawb yn sôn amdano. Yn anffodus, roedd e'n fyr iawn ac oherwydd maint y dyrfa oedd o amgylch Iesu, ni allai weld unrhywbeth. Felly rhedodd o flaen pawb gan ddringo i fyny coeden sycamorwydden. Pan gerddodd Iesu heibio, sylwodd arno a galwodd ar Sacheus.

'Tyrd i lawr Sacheus, achos dwi eisiau aros yn dy dŷ

heddiw.' Brysiodd Sacheus i lawr, gan orfoleddu iddo gael y fath fraint. Dechreuodd y dyrfa rwgnach. Pa fath o ddyn oedd Iesu yn cyfathrachu â rhywun fel Sacheus? Newidiodd bywyd Sacheus yn llwyr ar ôl y cyfarfyddiad yma gyda Iesu.

Ond safodd Sacheus yno, ac meddai wrth yr Arglwydd, "Dyma hanner fy eiddo, syr, yn rhodd i'r tlodion; os mynnais arian ar gam gan neb, fe'i talaf yn ôl bedair gwaith."

"Heddiw," meddai Iesu wrtho, "daeth iachawdwriaeth i'r tŷ hwn, oherwydd mab i Abraham yw'r gŵr hwn yntau. Daeth Mab y Dyn i geisio ac i achub y colledig."

Luc 19: 8–10

Milwr Rhufeinig – mewn maelwisg a oedd yn well nag arfwisg blât mewn gwlad boeth.

Y canwriad

Ar achlysur arall daeth canwriad Rhufeinig at Iesu. Roedd ei was yn sâl, ac roedd e am i Iesu ei iacháu. Roedd Iesu yn barod i fynd i'w dŷ ond dywedodd y canwriad nad oedd hynny'n angenrheidiol. Roedd e'n gwybod y byddai ei orchmynion yn cael eu dilyn. Credai y gallai Iesu hefyd ofyn am wyrth a disgwyl iddo ddigwydd.

Roedd Iesu wrth ei fodd bod tramorwr â'r fath ffydd yn Nuw, felly iachaodd y gwas.

Dywedodd Iesu:

"Rwy'n dweud wrthych y daw llawer o'r dwyrain a'r gorllewin a chymryd eu lle yn y wledd gydag Abraham ac Isaac a Jacob yn nheyrnas nefoedd."

Mathew 8:11

Lluoedd y meddiannau

Nid oedd y lluoedd yma gyda'u harfau trwm yn boblogaidd gyda'r bobl leol. Fodd bynnag, roedd gan rai o'r milwyr, fel yr un a welodd Iesu, barch tuag at Iddewiaeth a cheisient helpu'r gymuned leol.

Caer Antonia oedd adeilad y garsiwn yn Jerwsalem – adeilad anferthol nid yn annhebyg i'r Deml, a oedd yn tra arglwyddiaethu ar gartrefi pobl gyffredin.

34 Croeso Duw

Darganfyddwch

Y darn arian colledig:
Luc 15

Y tad cariadus a'i feibion:
Luc 15

Y ddafad golledig:
Luc 15, hefyd Mathew 18

Y darn arian colledig

Adroddodd Iesu stori am wraig a gollodd ddarn o arian yn ei thŷ. Goleuodd lamp a chwilio ym mhobman amdano nes iddi ddod o hyd iddo. Yna, galwodd ar ei chymdogion er mwyn dathlu.

Roedd Iesu yn barod i siarad gyda phawb – gan gynnwys tramorwyr ac alltudion. Doedd y Phariseaid ac athrawon y gyfraith ddim yn cytuno â hyn o gwbl. Felly dywedodd Iesu y damhegion yma am orfoledd Duw wrth i'r rhai oedd yn golledig gael eu darganfod.

Y tad cariadus

Roedd gŵr a chanddo ddau fab. Roeddent yn gweithio gyda fe ar y fferm deuluol. Un dydd, aeth y mab ieuengaf at ei dad gan orchymyn: 'Dwi eisiau fy rhan o'm hetifeddiaeth nawr. Dydw i ddim eisiau aros tan y byddi farw.'

Felly rhannodd y tad yr etifeddiaeth, ac ar unwaith gwerthodd y mab ieuengaf ei ran. Cymerodd yr arian a mynd ymaith i wlad bell. Yno bu'n byw yn fras, gan brynu unrhyw beth a phopeth.

Yna daeth newyn i'r wlad. Sylweddolodd fod ei holl arian wedi diflannu – doedd dim ar ôl ganddo. Cymerodd swydd yn gofalu am foch. Roedd cymaint o eisiau bwyd arno fel y cafodd ei demtio i fwyta bwyd y moch hyd yn oed.

Darn arian o'r enw shekel yn dyddio o 30 CC.

O do ei dŷ gallai'r tad weld y mab yn dychwelyd o bell.

Y mab yn dychwelyd – fe'i gelwir yn fab afradlon.

Yn y diwedd, daeth at ei goed. 'Mae gweision fy nhad yn cael eu trin yn well na hyn,' meddai wrtho'i hun.' Mi ddychwelaf ato, cyfaddef fy nghamgymeriad a gofyn am waith fel gwas cyflog.'

Roedd o dal cryn bellter o'i gartref, pan welodd ei dad ef; llanwodd ei galon â hiraeth amdano a rhedodd i'w gyfarfod a'i gofleidio.

'Fy nhad', meddai, 'dwi wedi pechu yn erbyn Duw ac yn dy erbyn di. Nid wyf yn haeddu cael fy ngalw yn fab i ti bellach.'

Ond roedd y tad eisoes yn llawenhau. 'Brysiwch,' dywedodd wrth ei weision, 'Paratowch wledd enfawr, dewch â'r dillad gorau iddo. Oherwydd roedd fy mab wedi marw ond nawr mae yn fyw; roedd ar goll ond dois o hyd iddo.'

Y mab hynaf

Dywed stori Iesu fod y mab hynaf allan yn gweithio yn y caeau pan ddychwelodd y mab ieuengaf. Pan ddaeth at y tŷ, wedi blino'n lân, clywodd sŵn cerddoriaeth a dawnsio. Pan glywodd fod ei dad wedi cynnal parti i'w frawd bach, gwylltiodd yn gacwn. Gwrthododd fynd i mewn i'r tŷ. Cwynodd na chafodd ef y fath fraint erioed.

Ceisiodd y tad ei dawelu, drwy esbonio fod popeth yn eiddo iddo ef, y mab hynaf.

Un ffordd o ddeall y stori hon yw bod pobl barchus yn aml yn cael eu cythruddo gan fod Duw yn fodlon maddau i bawb.

Y ddafad golledig

Adroddodd Iesu y stori hon:
"Dywedwch fod gan fugail gant o ddefaid ac mae'n colli un ohonynt. Beth ddylai ei wneud? Mae'n gadael ei nawdeg naw o ddefaid yn pori yn y caeau a chwilio am yr un ddafad golledig, nes dod o hyd iddi. Mae'n llawenhau a'i chario'n ôl adref ar ei ysgwyddau. Yna mae'n dathlu gyda'i ffrindiau a'i gymdogion gan ddweud, 'Dwi mor hapus. Roedd un ddafad ar goll ond dois o hyd iddi. Dewch i ddathlu.'"

Dywedodd Iesu, 'Yn yr un modd, bydd mwy o ddathlu yn y nefoedd dros un pechadur yn edifarhau na throi nawdeg naw o bobl hunangyfiawn sydd heb weld yr angen am edifarhau.'

Bugail yn arwain ei braidd at feysydd gwyrdd yng nghanol tir sych a charegog gwlad Iesu. Wrth wrando ar ddameg Iesu byddai bugeiliaid y cyfnod wedi gallu dychmygu bugail yn chwilio am ddafad mewn tir gwyllt tebyg.

35 Pwy yw Iesu?

Darganfyddwch

Iesu y Meseia:
Mathew 16, hefyd Marc 8, Luc 9

Y gweddnewidiad:
Mathew 17, hefyd Marc 9, Luc 9

Oherwydd yr hyn a ddywedodd ac yr hyn a wnaeth, perodd i bobl ofyn: Pwy yw Iesu? Roedd Iesu hefyd â diddordeb yn yr hyn a gredai pobl amdano a gofynnodd i'w ddisgyblion ddweud wrtho am yr hyn roeddent wedi ei glywed.

Atebodd y disgyblion fod nifer yn credu ei fod yn broffwyd. Credai eraill mai hen broffwyd oedd e, a'i fod wedi dychwelyd i rannu neges Duw. Credai rhai mai Ioan Fedyddiwr oedd e a gafodd ei ladd ychydig yn ôl oherwydd ei eiriau amhoblogaidd am y brenin lleol.

"A chwithau," meddai wrthynt, "pwy meddwch chwi ydwyf fi?"
Atebodd Seimon Pedr, "Ti yw'r Meseia, Mab y Duw byw."
Mathew 16: 15–16

Roedd Iesu yn amlwg yn falch oherwydd hyder Pedr ynddo, a dywedodd wrtho mai ef fyddai'r graig y byddai'r gymuned o ddilynwyr yn cael ei hadeiladu arno. Doedd Iesu ddim am i'r disgyblion ddweud wrth bobl mai ef oedd y Meseia, y Crist. Fodd bynnag, dechreuodd siarad fwy a mwy am ganlyniadau bod yn Feseia: byddai gelynion yn ei wrthwynebu a'i ladd oherwydd ei neges.

Y gweddnewidiad

Yn fuan ar ôl i Iesu ofyn i'r disgyblion pwy ydoedd, cafodd tri ohonynt y fraint o weld rhywbeth arbennig iawn. Aeth Pedr, Iago ac Ioan gyda Iesu i gopa mynydd. Wrth iddynt edrych ar Iesu, gwelsant newid ynddo.

Disgleiriodd ei wyneb a'i ddillad fel yr haul. Ymddangosodd dau o'r proffwydi mwyaf – Moses, rhoddwr y gyfraith, ac Eleias, a safodd yn gadarn yng nghyfnod brenin creulon – a siaradodd Iesu gyda hwy.

Cysegr wedi ei naddu yn y graig yng Nghesarea Philipi.

Cesarea Philipi

Roedd Iesu a'i ddisgyblion yn ymweld â thref ogleddol Cesarea Philipi pan wnaeth Pedr ei ddatganiad mai Iesu oedd y Meseia. Yn amser Iesu roedd sawl cysegr i wahanol dduwiau wedi eu hadeiladu yn y graig. Fodd bynnag, mae Pedr yn datgan mai Iesu yw mab y Duw byw, yr unig Dduw y mae'n credu ynddo.

Credir bod stori'r gweddnewidiad wedi digwydd ar Fynydd Hermon, i'r gogledd o Galilea. Gorchuddir y llethrau yn aml gan eira fel y gwelir yn y llun.

Mae disgyblion Iesu yn rhyfeddu at y weledigaeth nefol o'r Gweddnewidiad.

Tra oedd ef yn dal i siarad, dyma gwmwl golau yn cysgodi drostynt, a llais o'r cwmwl yn dweud, "Hwn yw fy mab, a'r Anwylyd; ynddo ef yr wyf yn ymhyfrydu; gwrandewch arno."
Matthew 17:5

Unwaith eto, dywedodd Iesu wrth ei ddisgyblion i beidio â dweud dim am hyn tan ar ôl ei farwolaeth.

✚ Allweddi'r deyrnas

Nid yn unig y dywedodd Iesu mai Pedr fyddai craig a sylfaen yr eglwys ond hefyd iddo ef y rhoddodd allweddi'r nefoedd. Oherwydd y geiriau hyn, mae'n draddodiad i ddarlunio Pedr gydag allweddi.

Meddylir am Pedr fel ceidwad y porth yn y nefoedd hefyd – yr un sy'n penderfynu pwy sy'n cael mynediad.

Daw'r syniad fod gatiau'r nefoedd wedi eu gwneud o berlau o ran arall o'r Beibl: mae llyfr y Datguddiad (a ysgrifennwyd ar ôl cyfnod Iesu) yn disgrifio'r ddinas nefolaidd gyda deuddeg clwyd wedi eu gwneud o berlau.

Cerflun o Pedr, yn dal allweddi teyrnas nefoedd.

36 Disgrifiad Iesu Ohono'i Hun

Darganfyddwch

Bara'r bywyd:
Ioan 6

Goleuni'r byd:
Ioan 8

Y bugail da:
Ioan 10

Yr atgyfodiad a'r bywyd:
Ioan 11

Y ffordd at Dduw:
Ioan 14

Y winwydden:
Ioan 15

✠ Iesu'r goleuni

Enw'r llun yma gan yr arlunydd Prydeinig Holman Hunt yw '*The Light of the World*' (Goleuni'r Byd). Mae'r llun wedi dylanwadu'n fawr ar syniadau pobl am bryd a gwedd Iesu.

Rhoddodd Iesu ei atebion ei hun i'r cwestiwn o bwy oedd ef. Yn Efengyl Ioan mae nifer o ddywediadau yn dechrau gyda 'Myfi yw', lle mae Iesu yn ceisio darlunio pwy ydoedd mewn gwirionedd.

Bara'r bywyd

Ar un achlysur, cymerodd Iesu fara a physgod a thrwy wyrth, bwydodd bum mil o bobl. Drannoeth, daeth nifer i chwilio amdano. Roeddent yn awyddus i weld a fyddai Iesu yn darparu mwy o fwyd am ddim iddynt. Rhybuddiodd Iesu nhw i beidio â newynu am fwyd ond yn hytrach am 'fwyd y nefoedd' a fyddai'n eu bodloni am byth. Pan ofynnodd y bobl iddo am fara, atebodd Iesu:

Bara gwastad oedd yng nghyfnod Iesu.

"Myfi yw bara'r bywyd. Ni bydd eisiau bwyd byth ar y sawl sy'n dod ataf fi, ac ni bydd syched byth ar y sawl sy'n credu ynof fi."
Ioan 6:35

Goleuni'r byd

Un dydd, roedd Iesu yn siarad gyda'r Phariseaid. Roedd y rhain wedi eu trwytho ymhob rheol fychan o'r gyfraith – cyfraith a roddodd Duw i Moses – ac roeddent yn ymwybodol fod yr ysgrythurau'n goleuo pobl ac yn dangos iddynt y ffordd. Fodd bynnag, dywedodd Iesu:

Lamp olew o'r cyfnod

"Myfi yw goleuni'r byd," meddai. "Ni bydd neb sy'n fy nghanlyn i byth yn rhodio yn y tywyllwch, ond bydd ganddo oleuni'r bywyd."
Ioan 8:12

Y bugail da

Dywedodd Iesu ei fod fel bugail da yn arwain a gofalu am ei bobl, fel mae bugail yn gofalu am ei braidd.

Yn ei amser ef, casglwyd y defaid i gorlan bob nos. Roedd wal fechan yn amgylchynu'r gorlan gydag un mynediad bychan. Byddai'r bugail ei hun yn cysgu yn y fynedfa er mwyn cadw'r defaid oddi mewn a pherygl tu allan.

Felly roedd pawb yn deall geiriau Iesu, 'Myfi yw drws y defaid.'

Dywedodd hefyd, 'Myfi yw'r bugail da.' Yn wahanol i was cyflog, byddai bugail da yn aros gyda'i braidd hyd yn oed mewn perygl enbyd.

Yr atgyfodiad a'r bywyd

Yn union cyn i Iesu atgyfodi ei ffrind Lasarus o farw'n fyw, rhoddodd yr addewid yma:

> *"Myfi yw'r atgyfodiad a'r bywyd. Pwy bynnag sy'n credu ynof fi, er iddo farw, fe fydd byw: a phob un sy'n byw ac yn credu ynof fi, ni bydd marw byth."*
>
> **Ioan 11: 25–26**

Mae'r gorlan yma wedi ei hail-greu – corlan gron yw hi gyda wal isel o garreg. Gorchuddir pen y wal gyda drain er mwyn cadw anifeiliaid gwyllt allan. Mae giât bren yma, ond yn draddodiadol byddai bugail yn eistedd yn y fynedfa.

Y ffordd at Dduw

Wrth i Iesu rybuddio ei ddisgyblion fwyfwy am ei farwolaeth, dywedodd wrthynt am beidio â phoeni. Pan fydda i'n marw, bydda i'n mynd at Dduw i baratoi lle iddynt gyda Duw. 'Rydych yn gwybod y ffordd at Dduw,' dywedodd. Oherwydd eu penbleth, meddai:

"Myfi yw'r ffordd a'r gwirionedd a'r bywyd. Nid yw neb yn dod at y Tad ond trwof fi."

Ioan 14:6

Y winwydden

Roedd gweld gwinwydden ar fryniau yn gyffredin iawn. Dywedodd Iesu:

"Myfi yw'r wir winwydden, a'm Tad yw'r gwinllannwr. Y mae ef yn torri i ffwrdd bob cangen ynof fi nad yw'n dwyn ffrwyth, ac yn glanhau pob un sydd yn dwyn ffrwyth, er mwyn iddi ddwyn mwy o ffrwyth. Yr ydych chwi eisoes yn lân trwy'r gair yr wyf wedi ei lefaru wrthych. Arhoswch ynof fi, a minnau ynoch chwi. Ni all y gangen ddwyn ffrwyth ohoni ei hun, heb iddi aros yn y winwydden; ac felly'n union ni allwch chwithau heb i chwi aros ynof fi. Myfi yw'r winwydden; chwi yw'r canghennau. Y mae'r sawl sydd yn aros ynof fi, a minnau ynddo yntau, yn dwyn llawer o ffrwyth, oherwydd ar wahân i mi ni allwch wneud dim. Os na fydd rhywun yn aros ynof fi, caiff ei daflu i ffwrdd fel y gangen ddiffrwyth, ac fe wywa; dyma'r canghennau a gesglir, i'w taflu i'r tân a'u llosgi. Os arhoswch ynof fi, ac os erys fy ngeiriau ynoch chwi, gofynnwch am beth a fynnwch, ac fe'i rhoddir ichwi. Dyma sut y gogoneddir fy Nhad: trwy i chwi ddwyn llawer o ffrwyth a bod yn ddisgyblion i mi. Fel y mae'r Tad wedi fy ngharu i, yr wyf finnau wedi eich caru chwi. Arhoswch yn fy nghariad i. Os cadwch fy ngorchmynion fe arhoswch yn fy nghariad, yn union fel yr wyf fi wedi cadw gorchmynion fy Nhad, ac yr wyf yn aros yn ei gariad ef.

Ioan 15: 1–10

O dan y winwydden ffrwythlon hon mae brigau sych a dorrwyd ymaith ar ddechrau'r tymor – llun perffaith o'r hyn ddylai pobl ei wneud, sef glynu wrth Iesu, y wir winwydden.

37 Dechrau'r Diwedd

Bu Iesu yn athro a phregethwr am dair blynedd. Yn y gwanwyn, adeg gŵyl y Pasg, dywedodd Iesu wrth ei ddisgyblion am ddod gydag ef i ymuno â phererinion eraill yn Jerwsalem.

Roedd Iesu yn gwybod bod hyn yn beryglus. Rhybuddiodd ei ddisgyblion ar sawl achlysur y byddai'n cael ei arestio gan yr arweinwyr crefyddol a'i ddedfrydu i farwolaeth. Dywedodd y byddai'n cyfodi eto, ond doedd y disgyblion ddim yn deall yr hyn roedd yn ei ddweud.

Wrth iddo nesáu at Jerwsalem, anfonodd dau ddisgybl o'i flaen. Rhoddodd gyfarwyddyd iddynt ddod o hyd i ebol asyn oherwydd roedd am farchogaeth i mewn i'r ddinas.

Wrth i'r disgyblion a Iesu nesáu at y ddinas, sylwodd eraill arnynt hefyd. Mae'n rhaid fod rhai wedi cofio am y broffwydoliaeth yn llyfr Sechareia: roedd Duw wedi addo anfon brenin atynt a fyddai'n marchogaeth i Jerwsalem ar gefn ebol asyn. Dechreuodd y bobl weiddi:

Darganfyddwch

Iesu'n marchogaeth i mewn i Jerwsalem:
Marc 11, hefyd Mathew 21, Luc 19, Ioan 12

Fersiynau gwahanol

Mae Mathew, Marc a Luc yn disgrifio'r croeso mawr gafodd Iesu pan ymwelodd â Jerwsalem o Galilea. Fodd bynnag, mae Ioan yn dweud fod Iesu eisoes yn Jerwsalem ers cryn amser, yn dysgu'r bobl o amgylch y Deml.

Mae gwahaniaethau fel yma yn gwneud i bobl feddwl mai storïau yn unig sydd gennym. Cred eraill fod y gwahaniaethau yn arwain at ddamcaniaeth arall, sef nad oedd yr awduron yn teimlo'r angen i sicrhau fod pob manylyn yn cyfateb oherwydd fod y gwirioneddau mawr yn gywir. Plethwyd y ffeithiau i mewn i storïau y byddai'r darllenwyr yn eu deall.

Torf swnllyd yn croesawu Iesu fel brenin.

"Hosanna! Bendigedig yw'r un sy'n dod yn enw'r Arglwydd. Bendigedig yw'r deyrnas sy'n dod, teyrnas ein tad Dafydd; Hosanna yn y goruchaf!" **Marc 11: 9–10**

Er mwyn dangos parch ato, taenodd pobl eu clogynnau ar y llawr gan adael i'r asyn gerdded drostynt. Torrwyd canghennau'r palmwydd, a'u chwifo. Daeth tro ar fyd. Yn amlwg, roedd nifer o bobl yn credu mai Iesu oedd brenin dewisedig Duw: y Meseia, y Crist. Beth oedd am ddigwydd nesaf?

✝ Sul y Blodau

Mae'r digwyddiadau sy'n arwain at farwolaeth ac atgyfodiad Iesu yn cael eu cofio yn flynyddol mewn eglwysi Cristnogol. Cofir am Iesu yn marchogaeth i mewn i Jerwsalem ar y Sul cyn Sul y Pasg – sef Sul y Blodau. Un traddodiad yw i'r bobl gerdded o gwmpas eu hardal yn canu emynau traddodiadol.

Gorymdaith Sul y Blodau ar Ynysoedd Cook.

Sawl asyn?

Yn ôl Mathew, roedd yna ddau asyn i'w gweld pan wnaeth Iesu orymdeithio i mewn i Jerwsalem – mam a'i hebol. Dywed yr awdur:

Digwyddodd hyn fel y cyflawnid y gair a lefarwyd trwy'r proffwyd:

"Dywedwch wrth ferch Seion, 'Wele dy frenin yn dod atat, yn ostyngedig ac yn marchogaeth ar asyn, ac ar ebol, llwdn anifail gwaith.' "

Mathew 21: 4–5

Trwy gydol ei Efengyl, mae Mathew am bwysleisio fod yr hen broffwydoliaethau yn cael eu gwireddu.

38 Iesu a'r Deml

Darganfyddwch

Iesu, y gwir Deml:
Ioan 2, hefyd Mathew 26

Iesu'n glanhau'r Deml:
Mathew 21, hefyd Marc 11, Luc 19, Ioan 2

Dameg y tenantiaid:
Marc 12, hefyd Mathew 21, Luc 20

Y weddw dlawd:
Marc 12, hefyd Luc 21

Iesu, y gwir Deml

Mae'r hanes am Iesu yn glanhau'r Deml yn y pedair Efengyl. Yn Mathew, Marc a Luc, digwydd hyn yn fuan ar ôl i Iesu gael ei groesawu fel arwr i Jerwsalem. Yn Efengyl Ioan, dyma un o'r digwyddiadau ar ddechrau gweinidogaeth Iesu. Mae Ioan hefyd yn cynnwys datganiad Iesu i awdurdodau'r Deml:

Atebodd Iesu hwy:
"Dinistriwch y deml hon, ac mewn tridiau fe'i codaf hi."

Dywedodd yr Iddewon, "Chwe blynedd a deugain y bu'r deml hon yn cael ei hadeiladu, ac a wyt ti'n mynd i'w chodi mewn tridiau?"

Ond sôn yr oedd ef am deml ei gorff.

Felly, wedi iddo gael ei gyfodi oddi wrth y meirw, cofiodd ei ddisgyblion iddo ddweud hyn, a chredasant yr Ysgrythur, a'r gair yr oedd Iesu wedi ei lefaru.

Ioan 2: 19–22

Canolbwynt dathliadau'r Pasg oedd y Deml. Roedd y cwrt enfawr yn orlawn: roedd stondinwyr wedi gosod eu stondinau gan werthu popeth oedd ei angen ar bererinion yn ystod yr ŵyl. Roedd angen newid eu harian er mwyn talu treth y Deml. Roedd angen prynu anifeiliaid er mwyn eu hoffrymu – gwartheg, defaid a cholomennod.

Doedd Iesu ddim yn hapus gyda'r sefyllfa. Dechreuodd yrru'r stondinwyr ymaith, gan daflu eu byrddau a'u cadeiriau.

"Y mae'n ysgrifenedig: 'Gelwir fy nhŷ i yn dŷ gweddi, ond yr ydych chwi yn ei wneud yn ogof lladron.'"
Mathew 21:13

Roedd y prif offeiriad yn gandryll gyda Iesu.

Iesu yn achosi stŵr yn y Deml.

Dameg y tenantiaid yn y winllan

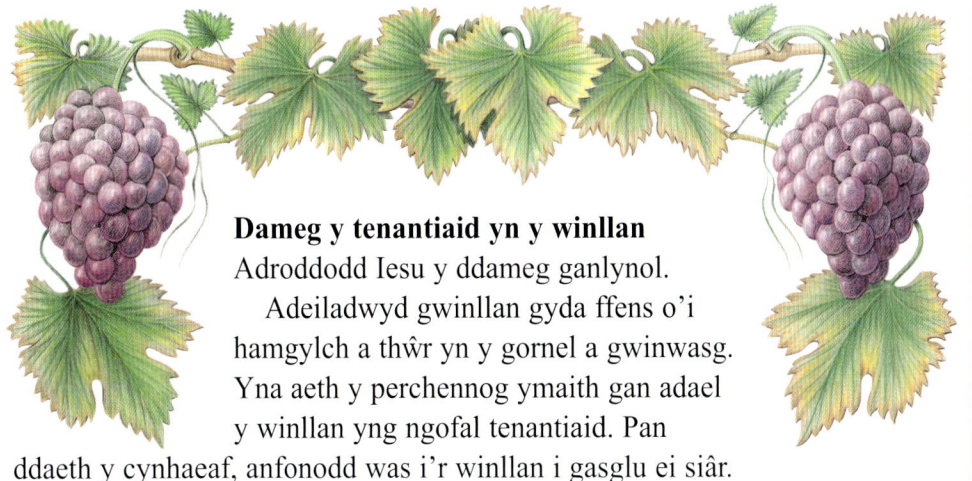

Adroddodd Iesu y ddameg ganlynol.

Adeiladwyd gwinllan gyda ffens o'i hamgylch a thŵr yn y gornel a gwinwasg. Yna aeth y perchennog ymaith gan adael y winllan yng ngofal tenantiaid. Pan ddaeth y cynhaeaf, anfonodd was i'r winllan i gasglu ei siâr.

Fe'i curwyd gan y tenantiaid a'i anfon ymaith yn waglaw.

Anfonodd y perchennog was arall, a digwyddodd yr un fath iddo yntau. Anfonodd mwy fyth o weision – curwyd rhai a lladdwyd eraill.

Yn y diwedd, anfonodd ei fab. 'Mae'n siŵr y byddant yn parchu fy mab,' meddai. Pan welodd y tenantiaid y mab, gwelsant eu cyfle. 'Dewch, fe'i lladdwn,' cytunodd y tenantiaid, 'bydd y winllan yn eiddo i ni wedyn.' A dyna a wnaethant.

'Beth ydych chi'n feddwl sy'n digwydd nesaf?' gofynnodd Iesu i'w wrandawyr. 'Bydd y perchennog yn ymweld â'i winllan a lladd y tenantiaid a'i osod i eraill.'

Gwylltiodd yr arweinwyr crefyddol. Roeddent wedi sylweddoli bod y ddameg wedi ei hanelu atynt hwy. Duw oedd y perchennog, y proffwydi oedd y gweision, a'r tenantiaid oedd yr arweinwyr crefyddol. Yn ei ddameg roedd Iesu yn awgrymu nad oedd yr arweinwyr wedi gofalu am yr hyn oedd yn bwysig i Dduw, a'u bod yn gwrthod y syniad fod Iesu yn fab i Dduw.

Roedd y tenantiaid wedi anghofio nad oedd y winllan yn eiddo iddynt hwy ac roeddent wedi dechrau ei pherchenogi.

Y weddw dlawd

Wrth i Iesu eistedd ger y Deml sylwodd ar bobl yn dod â'u hoffrymau. Daeth y bobl gyfoethog a llawer o arian. Yna daeth gweddw dlawd gan roi dau ddarn o arian a oedd werth fawr ddim. 'Mae hon wedi rhoi mwy nag eraill,' dywedodd wrth ei ddisgyblion, 'achos rhoddodd hon y cyfan oedd ganddi.'

Roedd Iesu yn flin nad oedd athrawon y Gyfraith yn edrych ar ôl y tlawd er eu bod yn hoff iawn o ymffrostio ynghylch eu crefydd.

Shofarot oedd yr enw a roddwyd ar y tri ar ddeg o flychau casglu yn y Deml: ystyr y gair 'shofar' yw trwmped ac roedd agoriad y blychau yn debyg i drwmped. Roedd hi'n hawdd taflu arian i mewn iddo ond yn anodd i neb ddwyn ohono.

39 Y Cynllwyn yn Erbyn Iesu

Darganfyddwch

Jiwdas:
Mathew 26, Marc 14, Luc 22

Y cynllwyn yn erbyn Iesu:
Ioan 11, hefyd Mathew 26, Marc 14, Luc 22

Iesu: yr eneiniog un:
Mathew 26, hefyd Marc 14, Ioan 12

Jiwdas

Roedd yr arweinwyr crefyddol yn ei chael hi'n anodd i arestio Iesu. Pan roedd yn cael ei amgylchynu gan y dorf doedd hi ddim yn bosib ei arestio rhag ofn i'r dorf wrthryfela. Pan oedd Iesu yn diflannu gyda'i ddisgyblion doedd neb yn gallu dod o hyd iddo.

Ond daeth eu cyfle, pan ddaeth Jiwdas atynt i drafod bradychu Iesu. Rhoddwyd deg darn ar hugain o arian iddo am wybodaeth ynghylch lle i ddod o hyd i Iesu ar ei ben ei hunan. Dechreuodd Jiwdas ar ei waith.

Roedd yr hyn a wnâi ac a ddywedai Iesu wedi ennill iddo nifer o ddilynwyr iddo. Fodd bynnag, roedd yr arweinwyr crefyddol – athrawon y Gyfraith ac offeiriaid y Deml – wedi eu cythruddo: doedden nhw ddim yn cytuno â'i ddehongliad o'r Gyfraith, ei wyrthiau na'i boblogrwydd gyda'r bobl.

Mae Ioan yn ei Efengyl yn cynnig esboniad arall pam roeddent am gael gwared o'r Iesu. Oherwydd bod Iesu yn gallu cyflawni gwyrthiau, roedd e'n cael ei weld fel arwr. Gallai'r Rhufeiniaid ei weld fel arweinydd gwrthryfel.

'Os bydd Iesu yn cael parhau yn y ffordd yma,' meddent, 'bydd pawb yn credu ynddo, a bydd yr awdurdodau Rhufeinig yn dinistrio ein Teml a'n cenedl!'

Eu dadl hwy oedd mai gwell oedd trosglwyddo Iesu i'r awdurdodau i'w ladd yn hytrach na dinistrio'r genedl gyfan.

Jiwdas yn cytuno i fradychu'r Iesu i'r arweinwyr crefyddol.

82

Gwrthryfela yn erbyn y Rhufeiniaid

Roedd yr awdurdodau Iddewig yn hollol gywir i fod yn bryderus ynghylch y Rhufeiniaid: roeddent yn hollol hapus i adael i'r bobl ddilyn eu ffordd o fyw a'u crefydd draddodiadol cyn belled nad oeddent yn herio eu hawdurdod. Pe bai'r Rhufeiniaid yn teimlo bod eu hawl i reoli yn cael ei fygwth, gallent fod yn ddidostur.

Yn wir, fe wnaeth yr Iddewon ryfela yn erbyn y Rhufeiniaid yn fuan ar ôl cyfnod Iesu, tua 70 OC. Ynghanol y brwydro ffyrnig, dinistriodd y Rhufeiniaid y Deml yn Jerwsalem gan ddwyn yr holl drysorau. Ar y dudalen nesaf gellwch ddarllen am safiad olaf yr Iddewon yn erbyn y Rhufeiniaid yn Masada.

Dim ond y wal sy'n weddill o'r Deml Iddewig erbyn heddiw. Doedd y wal ddim yn rhan o'r Deml ei hun ond yn wal gadw i'r llwyfan enfawr y safai'r Deml arno. Er hyn, mae'n lle arbennig i'r Iddewon, sy'n dod o bedwar ban byd i weddïo yno.

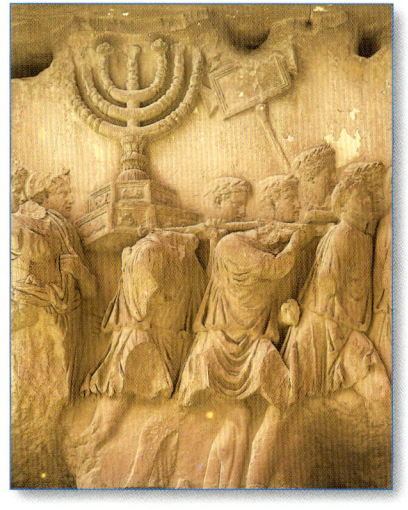

Enw'r ymerawdwr Rhufeinig a drechodd yr Iddewon gyda'i fyddin oedd Titus, ac adeiladwyd bwa buddugoliaethus i'w anrhydeddu yn Rhufain. Mae'n dangos dynion yn mynd â thrysorau'r ymaith o'r Deml yn Jerwsalem, gan gynnwys utgyrn seremonïol a'r ganhwyllbren saith ganghennog aur.

Iesu: yr eneiniog un

Tua'r un amser ag y bu'r offeiriaid yn cynllunio yn erbyn Iesu, digwyddodd rhywbeth pwysig iawn. Pan roedd Iesu yn bwyta yn nhŷ ei ffrindiau, daeth gwraig ato gydag ennaint gwerthfawr a'i dywallt drosto. Roedd rhai pobl – gan gynnwys Jiwdas – yn flin ei bod wedi gwastraffu'r ennaint. 'Gallwn fod wedi ei werthu a rhoi'r arian i'r tlawd,' meddent.

Dywedodd Iesu wrthynt am dawelu. 'Bydd y tlawd gyda chi bob amser, os ydych am roi arian iddynt, gellwch wneud hynny ar unrhyw adeg,' esboniodd. Derbyniodd garedigrwydd y wraig, fel arwydd o'i eneinio. Byddai seremoni eneinio yn cael ei chynnal er mwyn nodi pwy fyddai'r darpar frenin gan ei wneud yn 'Feseia' neu'r eneiniog un (yn yr iaith Roeg 'Crist'). Eneiniwyd person hefyd ar ôl iddo farw er mwyn paratoi'r corff i'w gladdu. Roedd Iesu yn gwybod ei fod yn mynd i farw'n fuan.

Eneinio

Roedd y seremoni hynafol o eneinio yn cynnwys tywallt olew ar ben person, efallai o jar debyg i hon. Roedd hyn yn ffordd o ddangos bod Duw yn tywallt ei gariad ar y person. Eneiniwyd y brenhinoedd Iddewig cyntaf gan y proffwyd Samuel: Saul oedd y brenin cyntaf, a Dafydd oedd yr ail.

40 Rhybuddion Olaf Iesu

Darganfyddwch

Y diwedd:
Mathew 24, Marc 13, Luc 12, 17, 21

Byddwch yn barod:
Mathew 25

Dydd y farn:
Mathew 25

Caer fynyddig Masada oedd cadarnle olaf yr Iddewon yn eu gwrthryfel yn erbyn y Rhufeiniaid

Y diwedd

Roedd rhybuddion Iesu ynghylch y problemau fyddai'n wynebu'r disgyblion yn y dyfodol yn achosi penbleth iddynt. Flynyddoedd yn ddiweddarach, mae'n bosib eu bod wedi cysylltu'r rhybuddion gyda gwrthryfel yr Iddewon yn erbyn y Rhufeiniaid. Dinistriwyd y Deml, a gwasgarwyd yr Iddewon dros yr ymerodraeth gyfan.

Safodd llond llaw o wrthryfelwyr Iddewig yng nghadarnle y Masada, ger y Môr Marw, am gyfnod hir. Roeddent wedi eu hamgylchynu gan fyddin y Rhufeiniaid. Dringodd y fyddin i fyny'r mynydd ac ymosod arnynt. Fodd bynnag, darganfuwyd fod y rhan fwyaf o'r gwrthryfelwyr eisoes wedi marw – roeddent wedi cyflawni hunanladdiad – roedd yn well ganddynt farwolaeth na chael eu trechu.

Roedd Iesu yn gwybod bod ei holl ddadlau gyda'r arweinwyr crefyddol ar fin cyrraedd uchafbwynt. Yn ôl Mathew, Marc a Luc, rhybuddiodd ei ddisgyblion am ryfeloedd a thrychinebau y dyfodol – gan gynnwys diwedd y byd.

Byddwch yn barod

Rhybuddiodd Iesu ei ddisbyblion mai Duw yn unig oedd yn gwybod pryd fyddai'r digwyddiadau hyn yn digwydd. Rhaid iddynt felly gadw eu golygon ar Dduw, fel gweision yn aros am eu meistr. Adroddodd y stori hon hefyd:

"Y pryd hwnnw bydd teyrnas nefoedd yn debyg i ddeg o enethod a gymerodd eu lampau a mynd allan i gyfarfod â'r priodfab.

Yr oedd pump ohonynt yn ffôl a phump yn gall.

Cymerodd y rhai ffôl eu lampau ond heb gymryd olew gyda hwy, ond cymerodd y rhai call, gyda'u lampau, olew mewn llestri.

Gan fod y priodfab yn hwyr yn dod aethant i gyd i hepian a chysgu.

Ac ar ganol nos daeth gwaedd: 'Dyma'r priodfab, ewch allan i'w gyfarfod.'

Yna cododd y genethod hynny i gyd a pharatoi eu lampau.

Dywedodd y rhai ffôl wrth y rhai call, 'Rhowch i ni beth o'ch olew, oherwydd y mae'n lampau ni yn diffodd.'

Atebodd y rhai call, 'Na yn wir; ni fydd digon i ni ac i chwithau. Gwell i chwi fynd at y gwerthwyr a phrynu peth i chwi eich hunain.'

A thra oeddent yn mynd i brynu'r olew, cyrhaeddodd y priodfab, ac aeth y rhai

Mae pum priodferch yn barod i groesawu'r priodfab.

oedd yn barod i mewn gydag ef i'r wledd briodas, a chlowyd y drws.

Yn ddiweddarach dyma'r genethod eraill yn dod ac yn dweud, 'Syr, syr, agor y drws i ni.'

Atebodd yntau, 'Yn wir, rwy'n dweud wrthych, nid wyf yn eich adnabod.'

Byddwch wyliadwrus gan hynny, oherwydd ni wyddoch na'r dydd na'r awr."

Mathew 25: 1–13

Dydd y farn

Rhybuddiodd Iesu y byddai yna ddydd y farn:

"Pan ddaw Mab y Dyn yn ei ogoniant, a'r holl angylion gydag ef, yna bydd yn eistedd ar orsedd ei ogoniant.

Fe gesglir yr holl genhedloedd ger ei fron, a bydd ef yn eu didoli oddi wrth ei gilydd, fel y mae bugail yn didoli'r defaid oddi wrth y geifr,"

Mathew 25: 31–32

Aeth yn ei flaen i esbonio sut fyddai'r cyfiawn yn cael eu croesawu i'r deyrnas oherwydd eu gweithredoedd da tuag at y brenin.

Yna bydd y rhai cyfiawn yn ei ateb: 'Arglwydd,' gofynnant, 'pryd y'th welsom di'n newynog a'th borthi, neu'n sychedig a rhoi diod iti? A phryd y'th welsom di'n ddieithr a'th gymryd i'n cartref, neu'n noeth a rhoi dillad amdanat? Pryd y'th welsom di'n glaf neu yng ngharchar ac ymweld â thi?' A bydd y Brenin yn eu hateb, 'Yn wir, rwy'n dweud wrthych, yn gymaint ag ichwi ei wneud i un o'r lleiaf o'r rhain, fy nghymrodyr, i mi y gwnaethoch.'

Mathew 25: 37–40

Fodd bynnag, anfonir eraill i ffwrdd i ddiwedd trist.

Mae pum priodferch wedi anghofio eu holew ar gyfer eu lampau, felly maent yn colli'r dathliadau.

✝ Mae'r diwedd yn agos

Mae nifer o Gristnogion yn astudio'r ysgrythurau, gan edrych am gliwiau ynghylch diwedd y byd. Fodd bynnag, gwnaeth Iesu hi'n glir mai yn nwylo Duw y mae'r diwedd ac mai dyletswydd pob Cristion yw dilyn dysgeidiaeth Iesu, felly yn y pen draw byddant dal yn gwneud daioni.

Meddyg Cristnogol yn trin y clwyfedig.

Mae gweithwyr Cristnogol yn ceisio darparu bwyd, dillad a llety i'r tlawd.

41 Iesu a Swper y Pasg

Darganfyddwch

Iesu a Swper y Pasg:
Marc 14, hefyd Mathew 26, Luc 22, Ioan 13

Yr hen gyfamod a'r cyfamod newydd:
Luc 22, hefyd Mathew 26, Marc 14, 1 Corinthiaid 11

Gwledda

Roedd hi'n arferiad gan y Rhufeiniaid i orwedd ar gadeiriau esmwyth o gwmpas bwrdd isel i wledda. Er mai dathliad Iddewig oedd y Pasg, mae'n debyg fod Iesu a'i ddisgyblion wedi gwledda yn yr un ffordd.

Roedd Iesu wedi mynd i Jerwsalem gyda'i ddisgyblion er mwyn dathlu Gŵyl y Pasg. Er y gwyddai yn iawn fod ganddo elynion yno, gofynnodd i'w ddisgyblion baratoi'r wledd. Mae'n debyg ei fod ef ei hun wedi paratoi rhai pethau gan iddo ddweud wrth ei ddisgyblion y byddai gŵr yn cario costrel o ddŵr yn eu cyfarfod. Yna, meddai, dylent ddilyn y gŵr i dŷ cyfagos ac yna gofyn i'r perchennog am ystafell i Iesu. Dangosodd y perchennog yr oruwchystafell iddynt, a pharatôdd y disgyblion y wledd yno, yn union yn ôl cyfarwyddiadau Iesu.

Yr hen gyfamod a'r cyfamod newydd

Roedd gwledd y Pasg yn hynod bwysig. Roedd yn atgoffa'r Iddewon o'r Pasg cyntaf oll pan roedd Duw wedi galluogi Moses i arwain ei bobl allan o'r Aifft ac allan o gaethiwed. Wedi iddynt ddianc, gwnaeth Duw addewid iddynt; pe baent yn cadw at gyfraith Duw byddai Duw yn eu harwain at wlad a fyddai'n gartref iddynt. Galwyd yr addewid yma yn gyfamod. Yn y wledd, soniodd Iesu am gyfamod newydd arbennig:

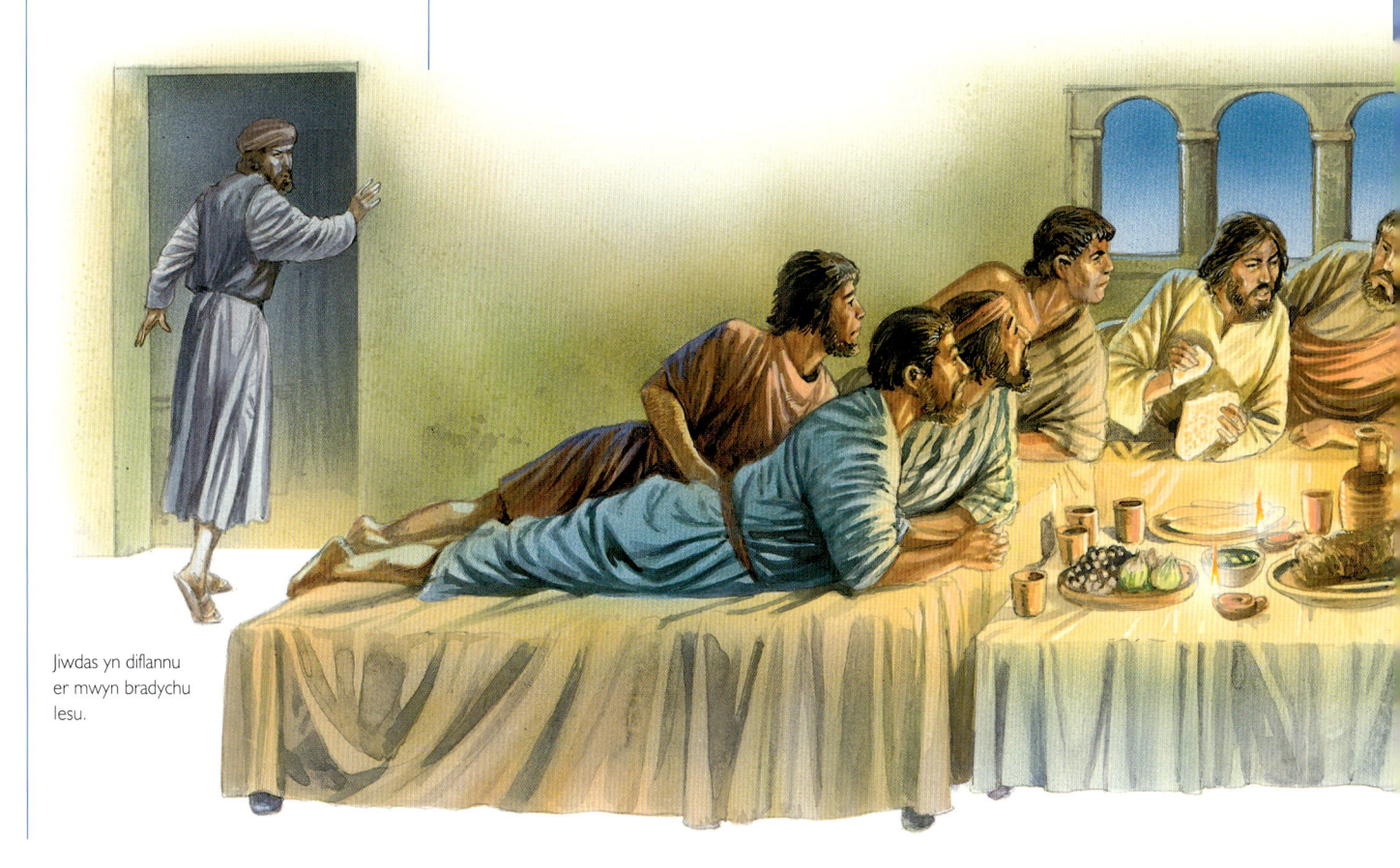

Jiwdas yn diflannu er mwyn bradychu Iesu.

Cymerodd fara, ac wedi diolch fe'i torrodd a'i roi iddynt gan ddweud, "Hwn yw fy nghorff, sy'n cael ei roi er eich mwyn chwi; gwnewch hyn er cof amdanaf."

Yr un modd hefyd fe gymerodd y cwpan ar ôl swper gan ddweud, "Y cwpan hwn yw'r cyfamod newydd yn fy ngwaed i, sy'n cael ei dywallt er eich mwyn chwi."

Luc 22: 19–20

Gwyddai Iesu y byddai Jiwdas yn defnyddio'r cyfle hwn i'w fradychu a gadael i'r bobl ei arestio pan fyddai ar ei ben ei hun. Dechreuodd disgyblion eraill ddadlau pa un ohonynt fyddai'r mwyaf blaenllaw – a bu'n rhaid i Iesu eu tewi, gan esbonio y byddai'n rhaid i'r arweinydd fod fel gwas, gan ddilyn ei esiampl ef.

Gwyddai Iesu y byddai hyd yn oed Pedr, ei ddisgybl ffyddlon, yn mynd i wadu ei fod yn ei adnabod pan fyddai'r helynt yn y dyfodol.

Yna, aeth Iesu â'i ddisgyblion allan o'r ddinas ac i Fynydd yr Olewydd.

Iesu a'i ddisgyblion yn dathlu'r Swper Olaf.

Daw'r llun yma o'r catacwm yn Rhufain. Mae'n dangos Cristnogion yn rhannu pryd o fwyd yn union fel y gorchmynnodd Iesu. Yn nyddiau cynnar y ffydd, roedd Cristnogaeth yn anghyfreithlon, a byddai credinwyr yn cyfarfod yn gyfrinachol yn y rhwydwaith o dwnelau yma yn Rhufain.

✚ **Bara a gwin**

Daeth y seremoni o rannu bara a gwin yn ôl gorchymyn Iesu yn y Swper Olaf yn un pwysig i'w ddilynwyr. Ychydig o flynyddoedd yn ddiweddarach, ysgrifennodd Paul, un o'r arweinwyr Cristnogol cyntaf, lythyr yn sôn am hyn. Roedd wedi ysgrifennu'r llythyr at gredinwyr yng Nghorinth a thrwy hyn cawsant eu hatgoffa o'r ddefod.

Dros y blynyddoedd, mae Cristnogion wedi bod yn ofalus iawn o'r ddefod hon gan ei thrin gyda pharch.

Pan fo Cristnogion yn rhannu'r bara a'r gwin, maent yn myfyrio ar yr hyn a ddywedodd Iesu am ei gorff a'i waed.

42 Y Swper Olaf: Adroddiad Ioan

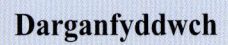

Darganfyddwch

Y Swper Olaf:
Ioan 13–14

Swydd gwas

Yng nghyfnod Iesu, roedd hi'n arferiad i groesawu ymwelwyr drwy gynnig golchi eu traed. Roedd hyn oherwydd mai sandalau a wisgai pobl am eu traed, ac felly byddai eu traed yn mynd yn frwnt ar ôl iddynt gerdded ar hyd llwybrau llychlyd. Byddai pob ymwelydd yn disgwyl gweld powlen o ddŵr o leiaf, er mwyn iddynt olchi eu traed eu hunain. Fodd bynnag, gwaith gwas oedd hyn fel arfer. Powlen glai tebyg i'r un yn y llun uchod a ddefnyddiwyd fel arfer.

Mae stori Ioan am y Swper Olaf yn wahanol i'r Efengylau eraill. Dywedodd fod y Swper Olaf cyn gwledd y Pasg, pan wyddai Iesu fod yr amser wedi dod iddo adael y byd hwn a dychwelyd at Dduw.

Yn ystod y swper, cododd o'r bwrdd a pharatôdd i olchi traed ei ddisgyblion, yn union fel y byddai gwas wedi ei wneud. Wedi iddo orffen, esboniodd ei weithred:

"Yr ydych chwi'n fy ngalw i yn 'Athro' ac yn 'Arglwydd', a hynny'n gwbl briodol, oherwydd dyna wyf fi. Os wyf fi, felly, a minnau'n Arglwydd ac yn Athro, wedi golchi eich traed chwi, fe ddylech chwithau hefyd olchi traed eich gilydd. Yr wyf wedi rhoi esiampl i chwi; yr ydych chwithau i wneud fel yr wyf fi wedi ei wneud i chwi. Yn wir, yn wir, rwy'n dweud wrthych, nid yw unrhyw was yn fwy na'i feistr, ac nid yw'r un a anfonir yn fwy na'r un a'i hanfonodd."
Ioan 13: 13–16

Erbyn hyn, roedd Iesu dan deimlad oherwydd gwyddai fod un o'i ddisgyblion ar fin ei fradychu. Roedd Pedr am wybod pwy, ac atebodd Iesu y byddai'n rhoi bara i'r sawl fyddai'n ei fradychu. Jiwdas a dderbyniodd y bara. Dywedodd Iesu wrth Jiwdas, 'Gwna'r hyn rwyt am ei wneud yn fuan,' a brysiodd Jiwdas ymaith, ond ni ddeallodd y disgyblion i ble'r oedd yn mynd.

Iesu yn golchi traed Pedr. Roedd am ddangos i'w ddisgyblion sut i wasanaethu eraill.

Y cyfamod newydd

Wedi i Jiwdas adael, rhoddodd Iesu orchymyn newydd i'w ddisgyblion ffyddlon:

"Fy mhlant, am ychydig amser eto y byddaf gyda chwi; fe chwiliwch amdanaf, a'r hyn a ddywedais wrth yr Iddewon, yr wyf yn awr yn ei ddweud wrthych chwi hefyd, 'Ni allwch chwi ddod lle'r wyf fi'n mynd.'

Yr wyf yn rhoi i chwi orchymyn newydd: carwch eich gilydd. Fel y cerais i chwi, felly yr ydych chwithau i garu'ch gilydd.

Os bydd gennych gariad tuag at eich gilydd, wrth hynny bydd pawb yn gwybod mai disgyblion i mi ydych."

Ioan 13:33–35

Iesu a Pedr

Doedd Pedr ddim yn deall yn llawn beth roedd Iesu yn ei ddweud a gofynnodd iddo esbonio. Dywedodd Iesu wrtho na allai Pedr ei ddilyn yno eto.

"Arglwydd," gofynnodd Pedr iddo, "pam na allaf dy ganlyn yn awr? Fe roddaf fy einioes drosot."

Atebodd Iesu, "A roddi dy einioes drosof? Yn wir, yn wir, rwy'n dweud wrthyt, ni chân y ceiliog cyn iti fy ngwadu i dair gwaith."

Ioan 13: 37–38

Yr Ysbryd Glân

Yna siaradodd gyda hwy gan dawelu eu meddyliau drwy ddweud y byddai pob dim yn iawn, er gwaethaf y ffaith ei fod yn gadael y byd hwn ac yn dychwelyd at ei Dad yn y nefoedd.

"Os ydych yn fy ngharu i, fe gadwch fy ngorchmynion i. Ac fe ofynnaf finnau i'm Tad, ac fe rydd ef i chwi Eiriolwr arall i fod gyda chwi am byth, Ysbryd y Gwirionedd. Ni all y byd ei dderbyn ef, am nad yw'r byd yn ei weld nac yn ei adnabod ef; yr ydych chwi yn ei adnabod, oherwydd gyda chwi y bydd."

Ioan 14: 15–17

Yna, cyn iddo ymadael, gweddïodd ar i Dduw ddiogelu ei ddisgyblion.

✝ Golchi traed

Dydy Efengyl Ioan ddim yn sôn am rannu bara a gwin ond yn hytrach am olchi traed. Mewn nifer o eglwysi mae'r seremoni o olchi traed yn cael ei chynnal noson cyn cofio croeshoeliad Iesu. Enw'r diwrnod yma yw Dydd Iau Cablyd.

Mae rhai grwpiau o Gristnogion yn cynnwys y ddefod o olchi traed yn fwy rheolaidd ym mywyd yr eglwys. Un o'r grwpiau yma yw'r Ailfedyddwyr o Ogledd America. Mae'r ddefod yn eu hatgoffa eu bod yn gwasanaethu ei gilydd a bod pawb yn gyfartal.

Archesgob Caergaint yw pen yr eglwys Anglicanaidd. Pan ailgychwynnodd yr arferiad o olchi traed, dewisodd olchi traed gwragedd yn ogystal â gwŷr.

43 Iesu yn Cael ei Arestio

Darganfyddwch

Iesu'n gweddïo ar ei ben ei hun:
Marc 14, hefyd Mathew 26, Luc 22

Y bradychu:
Luc 22, hefyd Mathew 26, Marc 14, Ioan 18

Pedr yn gwadu:
Mathew 26, Marc 14, Luc 22, Ioan 18

Llwyn olewydd.

Mynydd yr Olewydd

Ar fryn tu allan i Jerwsalem y cafodd Iesu ei fradychu – gyferbyn â'r Deml a adeiladwyd ar ben Mynydd Seion.

Awgryma'r enw 'Mynydd yr Olewydd' fod yr ardal yn nyddiau Iesu yn llawn o lwyni olewydd. Byddai'r llwyni trwchus yma wedi cau allan unrhyw olau yn y nos a byddai'r cysgodion wedi cuddio Iesu a'i ddisgyblion rhag eu gelynion – os na fyddai rhywun wedi eu harwain yn syth atynt.

Roedd hi'n nos yn Jerwsalem ac roedd Iesu newydd gael pryd o fwyd arbennig gyda'i ddisgyblion. Roedd wedi eu rhybuddio o beryglon y dyfodol. Roedd Jiwdas eisoes wedi gadael.

Yn ôl eu harfer, aeth Iesu ac un ar ddeg o'i ddisgyblion allan o'r ddinas, dros Afon Cidron at lwyni olewydd yn y bryniau – Mynydd yr Olewydd.

Daeth milwyr i arestio Iesu a'i gymryd at yr awdurdodau crefyddol.

Iesu yn gweddïo ar ei ben ei hun

Dywed Luc fod Iesu am weddïo yn y llwyni olewydd, sef Gardd Gethsemane. Aeth Pedr, Iago ac Ioan gydag ef, a gofynnodd iddynt aros yn effro gydag ef. Yna aeth ymaith ar ei ben ei hun.

Roedd ei weddi yn llawn gofid:

"Abba! Dad!" meddai, *"y mae pob peth yn bosibl i ti. Cymer y cwpan hwn oddi wrthyf. Eithr nid yr hyn a fynnaf fi, ond yr hyn a fynni di."*

Marc 14:36

Pan ddychwelodd Iesu at y tri, roeddent yn cysgu a theimlodd yn drist na allent ei warchod. Aeth ymaith i weddïo'r eilwaith a phan ddychwelodd roeddent wedi cysgu eto. Roeddent yn llawn cywilydd. Digwyddodd hyn dair gwaith, ac ar y trydydd tro, dihunodd Iesu hwy oherwydd gallai weld ei fradychwr.

Y bradychu

Cyrhaeddodd Jiwdas gyda chriw o filwyr a ddarparwyd gan yr arweinwyr crefyddol. Aeth at Iesu a'i gyfarch yn y ffordd draddodiadol – gyda chusan. Arestiwyd Iesu gan y milwyr. Bu sgarmes a thorrwyd clust un o weision yr archoffeiriad i ffwrdd ond cyn ei arwain ymaith, iachaodd Iesu'r gwas.

Pedr yn gwadu

Rhedodd pob disgybl i ffwrdd ar wahân i Pedr. Dilynodd ef Iesu ac aeth i dŷ yr archoffeiriad lle cafwyd cyfarfod o'r offeiriaid ac athrawon y Gyfraith. Eisteddodd Pedr tu allan ger y tân gan gynhesu ei hun.

Daeth llawforwyn heibio gan ofyn, 'Onid oeddet ti gyda Iesu o Nasareth?'

Gwadodd Pedr hyn. Yna clywodd hi'n dweud hyn wrth bobl eraill a gwadodd ei hadnabod yr eilwaith. Yna daeth un arall ato gan ddweud, 'Acen Galilea sydd gyda thi, fel Iesu.' Gwadodd Pedr adnabod Iesu y trydydd tro.

Yna canodd y ceiliog. Roedd hi bron yn doriad gwawr. Cofiodd Pedr yr hyn a ddywedodd Iesu wrtho, ac wylodd.

Iesu yn syllu ar Pedr mewn llun o'r bedwaredd ganrif ar bymtheg.

✢ Yr edrychiad

Mae Luc yn cynnwys mwy o fanylion am Pedr yn gwadu Iesu. Wrth iddo ei wadu am y trydydd tro, mae'n dweud fod Iesu yn syllu at Pedr. Yr edrychiad yma a atgoffodd Pedr o'i ymffrost y noson cynt, na fyddai ef byth yn ei wadu.

Mae'r edrychiad yma wedi ei bortreadu mewn sawl llun. Mae Cristnogion yn aml yn teimlo eu bod yn siomi Iesu, fel y gwnaeth Pedr. Mae'r llun o'r Iesu yn syllu ar Pedr yn atgoffa Cristnogion i barhau i fod yn ffyddlon iddo.

44 Iesu ar Brawf

Roedd hi'n ganol nos ac roedd Iesu wedi ei amgylchynu gan ei elynion – athrawon y gyfraith a'r henuriaid. Roeddent am gael gwared ohono, unwaith ac am byth.

Gofynnwyd i bobl siarad yn ei erbyn ac er iddynt ddweud celwydd, ni chafwyd tystiolaeth fod Iesu wedi gwneud dim o'i le. Yn y diwedd, roedd popeth yn dibynnu ar un cwestiwn a ofynnwyd i Iesu, 'Ai ti yw'r Meseia, Mab Duw?'

Dyma rai o'r atebion a roddwyd yn yr Efengylau.

Mathew

"Ti a ddywedodd hynny; ond rwy'n dweud wrthych: 'O hyn allan fe welwch Fab y Dyn yn eistedd ar ddeheulaw'r Gallu ac yn dyfod ar gymylau'r nef.'"
Mathew 26:64

Marc

Dywedodd Iesu, "Myfi yw, ac fe welwch Fab y Dyn yn eistedd ar ddeheulaw'r Gallu ac yn dyfod gyda chymylau'r nef.'"
Marc 14:62

Luc

"Os dywedaf hynny wrthych, fe wrthodwch gredu; ac os holaf chwi, fe wrthodwch ateb.

O hyn allan bydd Mab y Dyn yn eistedd ar ddeheulaw Gallu Duw."

Meddent oll, "Ti felly yw Mab Duw?" Atebodd hwy, "Chwi sy'n dweud mai myfi yw."
Luc 22: 67–70

Ioan

Mae Efengyl Ioan yn rhoi disgrifiad tra gwahanol o'r hyn a ddigwyddodd. Gofynnodd yr archoffeiriad i'r Iesu am ei ddysgeidiaeth ac atebodd Iesu:

"Yr wyf fi wedi siarad yn agored wrth y byd. Yr oeddwn i bob amser yn dysgu mewn synagog ac yn y deml, lle y bydd yr Iddewon i gyd yn ymgynnull; nid wyf wedi siarad dim yn y dirgel.

Pam yr wyt yn fy holi i? Hola'r rhai sydd wedi clywed yr hyn a leferais wrthynt. Dyma'r sawl sy'n gwybod beth a ddywedais i."
Ioan 18: 20–21

Darganfyddwch

Iesu ar brawf:
Mathew 26, Marc 14, Luc 22, Ioan 18

Ar brawf gyda'r nos

Yng nghyfnod Iesu, ni chaniatawyd rhoi neb ar brawf yn ystod y nos – un rheswm ymarferol oedd y byddai barnwyr yn gwneud camgymeriad oherwydd diffyg cwsg. Felly roedd yr achos llys yn anghyfreithlon, a thalwyd nifer o'r tystion i ymddangos. Roedd yr achos llys yn hollol annheg, felly, yn ôl y gyfraith Iddewig.

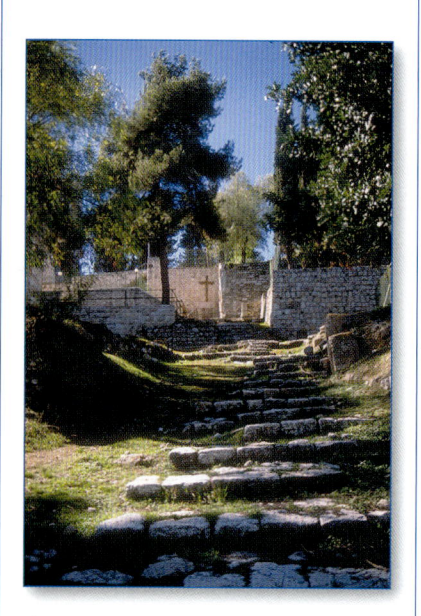

Credir bod y grisiau yma yn arwain at dŷ yr archoffeiriad, lle safodd Iesu ei brawf. Cred nifer o Gristnogion fod Iesu wedi cael ei lusgo i lawr y grisiau yma.

Daeth tystion â honiadau yn erbyn Iesu at yr archoffeiriad.

Beth bynnag a ddywedwyd, roedd gelynion Iesu eisoes wedi dod i benderfyniad. Roedd Iesu yn ddraenen yn eu hystlys. Roeddent yn honni fod Iesu yn ceisio argyhoeddi'r bobl ei fod yn fab iDduw. Roedd hyn yn sarhau Duw meddent, ac roedd Iesu yn euog o gablu. Fodd bynnag, y prif reswm am eu casineb tuag ato oedd eu bod yn poeni y byddai'r Rhufeiniaid yn cosbi'r genedl gyfan am iddo achosi cymaint o gynnwrf.

Yr awdurdodau Rhufeinig yn unig oedd â'r hawl i ddedfrydu unrhyw un i farwolaeth, felly cymerwyd Iesu at y llywodraethwr, Pontiws Peilat.

Yr archoffeiriad

Cynhaliwyd prawf Iesu yn nhŷ archoffeiriad o'r enw Caiaffas. Penodwyd yr archoffeiriad gan y Rhufeiniaid: roeddent am i'r person dylanwadol yma fod yn gefnogol iddynt. Yn wir, roedd yn fwy enwog am ei wleidyddiaeth gyfrwys na'i dduwioldeb!

Roedd deuddeg gem ar fronddor yr archoffeiriad – yn cynrychioli deuddeg llwyth Israel – ac i'w atgoffa fod y llwythi yma yn agos at galon Duw.

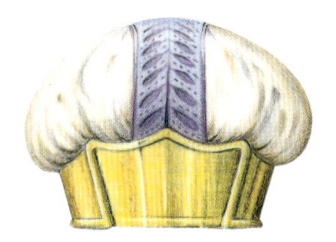

Gwisgai'r archoffeiriad dwrban seremonïol. Yn ôl cyfarwyddiadau a roddwyd yng nghyfnod Moses, cerfiwyd yr addurn aur gyda'r geiriau 'Cyflwynedig i'r Arglwydd'.

45 Iesu a Peilat

Doedd gan y llywodraethwr Rhufeinig, Pontiws Peilat, ddim diddordeb yn Iesu. Ei swydd ef oedd sicrhau fod y wlad yn ufuddhau i'r gyfraith Rufeinig a sicrhau nad oedd gwrthryfel yn erbyn yr ymerawdwr. Pan aeth yr arweinwyr crefyddol â Iesu o'i flaen gyda chyhuddiad o gabledd, roedd mewn penbleth. Doedd e ddim yn deall y deddfau crefyddol, nac ychwaith yn hidio dim amdanynt.

Gofynnodd Peilat gwestiynau i Iesu, ond ni welodd dim i'w gondemnio. Yn ôl Luc, anfonwyd Iesu at frenin Galilea, Herod, ond ni welodd hwnnw fai ynddo chwaith. Byddai Peilat wedi bod yn ddigon hapus i'w fflangellu ac yna, i ryddhau, ond doedd yr arweinwyr crefyddol ddim yn cytuno. Roeddent am ei ddedfrydu i farwolaeth. Rhoddodd Peilat gynnig arall arni felly.

Ar yr ŵyl yr oedd Pilat yn arfer rhyddhau iddynt un carcharor y gofynnent amdano.

Ac yr oedd y dyn a elwid Barabbas yn y carchar gyda'r gwrthryfelwyr hynny oedd wedi llofruddio yn ystod y gwrthryfel.

Daeth y dyrfa i fyny a dechrau gofyn i Pilat wneud yn ôl ei arfer iddynt.

Atebodd Pilat hwy: "A fynnwch i mi ryddhau i chwi Frenin yr Iddewon?" Oherwydd gwyddai mai o genfigen yr oedd y prif offeiriaid wedi ei draddodi ef. Ond cyffrôdd y prif offeiriaid y dyrfa i geisio ganddo yn hytrach ryddhau Barabbas iddynt.

Atebodd Pilat drachefn, ac meddai wrthynt, "Beth, ynteu, a wnaf â hwn yr ydych yn ei alw yn Frenin yr Iddewon?"

Gwaeddasant hwythau yn ôl, "Croeshoelia ef."

Meddai Pilat wrthynt, "Ond pa ddrwg a wnaeth ef?" Gwaeddasant hwythau yn uwch byth, "Croeshoelia ef."

A chan ei fod yn awyddus i fodloni'r dyrfa, rhyddhaodd Pilat Barabbas iddynt, a thraddododd Iesu, ar ôl ei fflangellu, i'w groeshoelio.

Marc 15: 6–15

Gwrthryfelwr a llofrudd oedd Barabbas.

Yn ôl Mathew, anfonodd gwraig Peilat neges at ei gŵr yn ei rybuddio rhag condemnio Iesu.

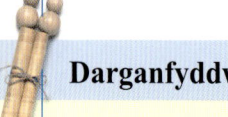

Darganfyddwch

Iesu a'r Rhufeiniaid:
Marc 12, hefyd Mathew 22, Luc 20

Iesu a Peilat:
Marc 15, Ioan 18, hefyd Mathew 27, Luc 23

Dyma'r dyn:
Ioan 19, hefyd Mathew 27, Marc 15

Jiwdas:
Mathew 27, Actau 1

Iesu a'r Rhufeiniaid

Does gan yr Efengylau ddim llawer i'w ddweud am berthyn Iesu a'r Rhufeiniaid, ar wahân un stori amdano'n iacháu milw Rhufeinig oherwydd ei ffydd gadarn.

Fodd bynnag, ychydig ddydd cyn iddo sefyll ei brawf, ceisio Phariseaid gornelu Iesu a'i dwy farnu'r Rhufeiniaid er mwyn id ei gondemnio.

Gofynnwyd iddo a oedd hi'r iawn i dalu trethi'r ymerawdr.

Deallodd yntau eu rhagrith, ldai wrthynt, "Pam y ydych yn rhoi prawf arnaf? Dewch â dar arian yma, imi gael golwg arno." A daethant g un, ac meddai ef wrthynt, "Llun ac arysgrif pwy sydd yma?" Dywedasant hwythau wrtho, "Cesar."

A dywedodd Iesu wrthynt, "Talwch bethau Cesar i Gesar, a phethau Duw i Dduw." Ac yr oeddent yn rhyfeddu ato.

Marc 12: 15–17

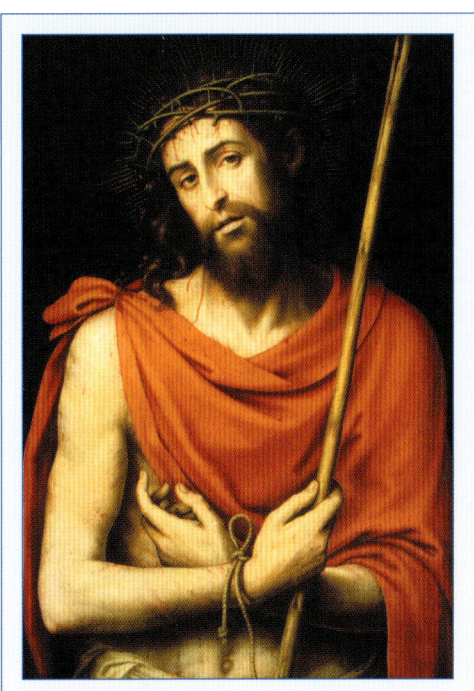

✠ Dyma'r dyn

Yn ôl Efengyl Ioan, gorchmynnodd Peilat i Iesu gael ei fflangellu cyn penderfynu a ddylid ei ddedfrydu i farwolaeth. Gwisgwyd ef mewn mantell frenhinol gan y milwyr, a'i goroni gyda choron ddrain. Dyma sut roedd Iesu wedi ei wisgo pan ofynnodd Peilat i'r dorf am eu barn hwy. Mae'r geiriau a ddefnyddiodd wedi eu cyfieithu i Ladin, fel 'Ecce homo' sy'n golygu 'Dyma'r dyn'. Mae nifer o weithiau celf wedi darlunio'r achlysur yma.

Teyrnas Iesu

Dywedodd gelynion Iesu wrth Pilat bod Iesu yn honni bod yn frenin yr Iddewon, a byddai hyn, meddent yn gwneud iddo ef, Peilat, edrych fel rebel. Pan ofynnodd Peilat i Iesu a oedd yr hyn a ddywedwyd yn wir, dyma'r ateb a gafodd.

"Nid yw fy nheyrnas i o'r byd hwn. Pe bai fy nheyrnas i o'r byd hwn, byddai fy ngwasanaethwyr i yn ymladd, rhag imi gael fy nhrosglwyddo i'r Iddewon. Ond y gwir yw, nid dyma darddle fy nheyrnas i."

Yna meddai Pilat wrtho, "Yr wyt ti yn frenin, ynteu?" "Ti sy'n dweud fy mod yn frenin," atebodd Iesu. "Er mwyn hyn yr wyf fi wedi cael fy ngeni, ac er mwyn hyn y deuthum i'r byd, i dystiolaethu i'r gwirionedd. Y mae pawb sy'n perthyn i'r gwirionedd yn gwrando ar fy llais i."

Ioan 18: 36–37

Yn ôl Mathew, golchodd Peilat ei ddwylo yn gyhoeddus. Gwnaeth hyn er mwyn dangos ei fod yn lân, ac yn rhydd o unrhyw gyfrifoldeb am farwolaeth Iesu.

Doedd Peilat ddim yn deall yr ateb yn llawn, ond roedd yn dal i feddwl nad oedd Iesu yn haeddu cael ei ladd.

Pontiws Peilat

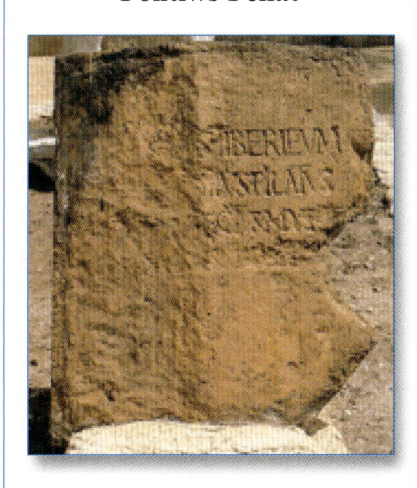

STIBERIEVM
PONTIVSPILATVS
PRAEFECTVSIVD...E

Darganfuwyd y garreg uchod yng Nghesarea ar yr arfordir ble trigai Iesu. O dan llun y garreg mae'n dangos y llythrennau sydd i'w gweld o hyd a rhai sydd eisoes wedi diflannu. Mae'n dangos fod Peilat wedi adeiladu cysegr i'r ymerawdwr Tiberius pan oedd yn swyddog yn yr ardal. Mae'r garreg yn dystiolaeth bellach bod stori Iesu yn perthyn i hanes go iawn.

Jiwdas

Pan ddarganfu Jiwdas fod Iesu wedi ei ddedfrydu, aeth at yr offeiriaid a cheisio ad-dalu'r arian oherwydd ei fod wedi pechu drwy fradychu dyn diniwed. Ni wrandawodd neb arno. Dywed Mathew fod Jiwdas wedi taflu'r arian ac yna crogi ei hun. Yn ôl Luc, prynodd ddarn o dir a syrthiodd i'w farwolaeth yno.

46 Ffordd y Groes

'Brenin yr Iddewon?' Roedd y milwyr wedi gweld eu cyfle a gwelsant y cyhuddiad yn erbyn Iesu fel cyfle i'w watwar. Rhoesant wisg iddo o borffor, sef lliw a wisgai'r ymerawdwr. Gwnaethant goron o ddrain iddo a'i gwthio am ei ben. Rhoesant ffon iddo fel symbol o'i rym. Yna, buont yn ei watwar.

Darganfyddwch

Y ffordd i'r groes:
Marc 15, Ioan 19, hefyd Mathew 27, Luc 23

Cario'r groes:
Luc 23, hefyd Mathew 27, Marc 15

Mae'r graig ar y bryn ger yr hen Jerwsalem yn debyg i benglog, a chred rhai mai yma oedd Golgotha.

Safle'r croeshoeliad

Does neb yn gwybod yn sicr ble cafodd Iesu ei groeshoelio. Dywed yr Efengylau bod llecyn tu allan i'r ddinas ger ffordd. Maent hefyd yn dweud ei bod yn hawdd gweld y fan yma o bellter, felly mae'n bosib ei fod ar ben bryn. Golgotha oedd yr enw a roddwyd i'r lle – sef Lle'r Benglog.

Mae rhai cyfieithiadau modern o'r Beibl a nifer o emynau yn dweud bod Iesu wedi ei groesholio ar Galfaria. Daw'r enw hwn o'r gair Lladin am benglog.

Arweiniwyd Iesu gan y milwyr allan o gaer Rufeinig Antonia i'w groeshoelio.

Mae'r llun yn dangos y daith i'r groes yng nghyfnod Iesu.

Cario'r groes

Yna, gwisgwyd Iesu yn ei ddillad ei hun a'i orfodi i gario'i groes. Ar y ffordd, gwelsant ŵr o'r enw Seimon o Gyrene. Gorfodwyd ef i gario'r pren.

Dywed Luc fod tyrfa fawr o bobl yn dilyn Iesu, gan gynnwys gwragedd a oedd yn wylo. Trodd Iesu atynt a dweud wrthynt i beidio ag wylo drosto ef ond, yn hytrach, dylent wylo drostynt ei hunain oherwydd roedd dyddiau duon o'u blaenau.

Arweiniwyd Iesu at fan y croeshoelio tu allan i furiau'r ddinas – sef Lle'r Benglog, neu yn Hebraeg, Golgotha.

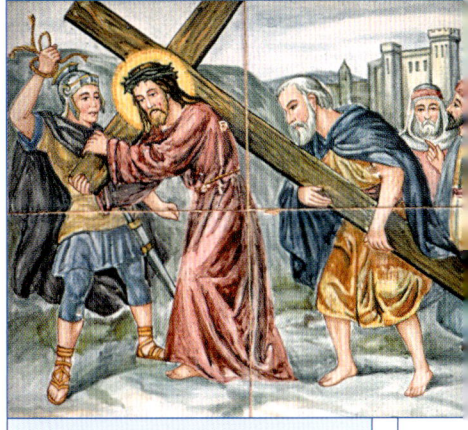

Arweiniwyd Iesu drwy strydoedd Jerwsalem nes ei fod yntau a'r dyrfa tu allan i furiau'r ddinas.

Mae'r llun yn dangos un o orsafoedd y groes – ble gorchmynnwyd Seimon o Gyrene i helpu i gario'r groes.

✠ Gorsafoedd y Groes

Pob dydd Gwener yn Jerwsalem, mae Cristnogion yn parhau i gerdded Ffordd y Groes – taith draddodiadol drwy'r ddinas. Maent yn aros wrth wahanol safleoedd ar hyd y daith. Gwnânt hyn er mwyn cofio am ddigwyddiadau arbennig o'r Efengylau a thraddodiadau eraill ynghylch beth ddigwyddodd i'r Iesu ar y daith i gael ei groeshoelio.

Yr enw ar y safleoedd yma yw Gorsafoedd y Groes. Yn draddodiadol mae pedair ar ddeg ohonynt; atgyfodiad Iesu yw'r bymthegfed. Mae gan nifer o eglwysi bymtheg o luniau o amgylch y waliau er mwyn i Gristnogion 'gerdded gyda Iesu'.

Mewn rhai gwledydd, mae'n draddodiad i osod y gorsafoedd yma ar fryn – Calfaria. Cerdda pererinion i fyny'r bryn at y groes.

47 Croeshoelio Iesu

Darganfyddwch

Croeshoelio Iesu:
Ioan 19, Luc 23, Marc 15, hefyd Mathew 27

INRI:
Ioan 19, hefyd Mathew 27, Marc 15, Luc 23

Bu'r milwyr yn hapchwarae er mwyn ennill mantell Iesu. Dyma fwrdd hapchwarae Rhufeinig a ddarganfuwyd ar balmant yn Jerwsalem.

Pan ddaethant i fan y dienyddiad, cynigiodd y milwyr ddiod llawn cyffur i Iesu er mwyn lleddfu'r boen, ond gwrthododd ei yfed. Croeshoeliwyd Iesu drwy ei hoelio ar y pren.

Yna rhannodd y pedwar milwr ei eiddo. Dywed Ioan nad oeddent am rwygo'i fantell, felly ar ôl gêm gyda dis, enillodd un ohonynt y fantell.

Y ddau leidr

Croeshoeliwyd dau ddrwgweithredwr ar yr un dydd, un i'r chwith a'r llall i'r dde o Iesu. Dywed Luc fod un ohonynt wedi ymuno gyda'r dorf wrth iddynt watwar Iesu gan ddweud wrtho, os mai ef oedd y Meseia yna dylai brofi hynny drwy achub ei hun.

Ond atebodd y llall, a'i geryddu: "Onid oes arnat ofn Duw, a thithau dan yr un ddedfryd?

"I ni, y mae hynny'n gyfiawn, oherwydd haeddiant ein gweithredoedd sy'n dod inni. Ond ni wnaeth hwn ddim o'i le."

Yna dywedodd, "Iesu, cofia fi pan ddoi i'th deyrnas."

Atebodd yntau, "Yn wir, rwy'n dweud wrthyt, heddiw byddi gyda mi ym Mharadwys."

Luc 23: 40–43

✠ INRI

Hoeliwyd arwydd ar groes y drwgweithredwr er mwyn nodi'r drosedd. Peilat ysgrifennodd ar arwydd Iesu. Dyma a ddywedodd, 'Iesu o Nasareth, brenin yr Iddewon.' Roedd y prif offeiriaid eisiau iddo ei newid er mwyn dweud, 'Dywedodd y gŵr hwn, Fi yw brenin yr Iddewon' ond gwrthododd Peilat eu cais.

Mae'r fersiwn Lladin yn dechrau gyda'r llythrennau INRI, ac fe welir y rhain mewn llawer o luniau o'r croeshoeliad.

Ail-luniad o groes o'r ganrif gyntaf.

IESUS
NAZARENVS
REX IVDAEORVM

Lladin

ישוע הנצרי
מלך היהודים

Hebraeg

IHCOYC O NAZAPAIOC
O BACIΛEYC TWN
IOYΔAIWN

Groeg

Maddeuant ac Ymddiriedaeth

Dywed Luc fod Iesu wedi gweddïo dros ei ddienyddwyr.

"O Dad, maddau iddynt, oherwydd ni wyddant beth y maent yn ei wneud." A bwriasant goelbrennau i rannu ei ddillad.

Luc 23:34

Wrth i Iesu lesgáu, tywyllodd yr awyr am dair awr. Yna rhwygodd llen y Deml a orchuddiai'r gysegrfa. Gwaeddodd Iesu:

"O Dad, i'th ddwylo di yr wyf yn cyflwyno fy ysbryd." A chan ddweud hyn bu farw.

Luc 23:46

Yn ôl Mathew a Marc, pan fu farw Iesu, daeth un milwr i gredu mai mab Duw oedd Iesu.

Anobaith

Yn ôl Marc, ar ôl tair awr o dywyllwch, gwaeddodd Iesu:

"Eloï, Eloï, lema sabachthani?"

Marc 15:34

Ystyr hyn yw, 'Fy Nuw, fy Nuw, pam y'm gadewaist?' Cynigiwyd diod o win ar sbwng iddo ond bu farw Iesu.

Mae'r un hanes gan Mathew, sy'n dweud fod y ddaear wedi crynu, beddau wedi agor a bod y meirw yn cael eu gweld yn cerdded i Jerwsalem.

Gofalu am eraill

Yn ôl Ioan, gwelodd Iesu ei fam Mair ac Ioan, 'y disgybl a garodd,' wrth droed y groes. Dywedodd wrth ei fam, 'Dyma dy fab,' ac wrth Ioan, 'Dyma dy fam.' Cais i Ioan ofalu am ei fam oedd hyn. Yna dywedodd, 'Rwy'n sychedig,' a rhoddwyd diod o win ar sbwng iddo. Yna dywedodd Iesu,

"Gorffennwyd." Gwyrodd ei ben, a rhoi i fyny ei ysbryd.

Ioan 19:30

Pan ddychwelodd y milwyr i weld y carcharorion, bu'n rhaid iddynt dorri coesau y ddau arall ar y groes er mwyn cyflymu eu marwolaeth. Roedd Iesu eisoes wedi marw, ond trywanwyd ef â gwaywffon yn ei ochr.

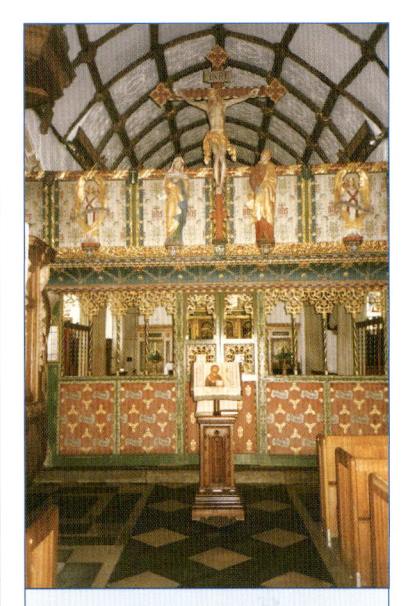

Sgrin grog addurniadol i eglwys Anglicanaidd yng Nghernyw, Lloegr.

✥ Y grog

'Crog' yw'r hen air am groes. Yn yr Oesoedd Canol, roedd nifer o eglwysi wedi'u hadeiladu mewn dwy ran, gyda sgrin yn y canol yn rhannu ble roedd pobl yn eistedd a lle'r oedd yr offeiriad yn arwain addoliad wrth yr allor. Enw'r sgrin yw sgrin y grog.

Ar ben y sgrin mae llun o Iesu ar y groes gyda'i fam, Mair, ar un ochr a Ioan, un o'i ddisgyblion, ar yr ochr arall.

Symbol yw'r sgrin grog sy'n dangos na all neb gyrraedd Duw heb gymorth Iesu yn marw ar y groes.

48 Claddedigaeth Iesu

Darganfyddwch

Claddedigaeth Iesu:
Mathew 27, Marc 15, Luc 23, Ioan 19

Croeshoeliwyd Iesu ar y diwrnod cyn y Sabath Iddewig. Roedd hi'n hollbwysig, felly, ymdrin â'r corff cyn i'r Sabath ddechrau, gyda machlud haul.

Aeth gŵr o'r enw Joseff o Arimathea at Pilat a gofyn iddo am y corff. Gofynnodd Peilat i filwr gadarnhau bod y carcharor wedi marw, ac aeth Joseff i gasglu'r corff. Fe'i lapiwyd mewn lliain a'i roi mewn beddrod. Yna rholiwyd carreg enfawr dros y fynedfa i'w gau. Roedd Joseff wedi prynu'r beddrod ar ei gyfer ef ei hun a doedd neb wedi ei ddefnyddio cynt. Ogof wedi'i cherfio o'r graig oedd y beddrod.

Dywed Ioan fod gŵr o'r enw Nicodemus wedi helpu Joseff i baratoi'r corff. Mae'r Efengylau eraill yn dweud mai grŵp o wragedd wnaeth hyn. Mae Marc a Mathew yn eu henwi – Mair Magdalen a Mair arall.

Ceidwad y beddrod

Yn ôl Mathew, roedd yr arweinwyr crefyddol yn dal i boeni am yr hyn allai dilynwyr Iesu ei gyflawni. Ar y Sabath, aeth yr arweinwyr crefyddol at Peilat a'i rybuddio fod Iesu wedi bygwth atgyfodi. Roedd hi'n bwysig iddynt fod y corff yn cael ei ddiogelu rhag i'w ddilynwyr ddechrau lledaenu sibrydion. Rhoddodd Peilat geidwad i wylio'r beddrod, gan roi sêl ar y drws a fyddai'n dangos yn amlwg pe bai'r beddrodd yn cael ei agor.

✝ Y pieta

Pieta yw'r gair a ddefnyddir i ddisgrifio gwaith fel yr uchod sy'n dangos Mair, mam Iesu, yn dal corff ei mab. Nid yw'r Efengylau yn crybwyll hyn, er eu bod yn nodi ei bod yno wrth y groes ac yng nghwmni'r disgyblion wedyn.

Mae Beddrod yn yr ardd yn lle poblogaidd i bererinion ymweld ag ef yn Jerwsalem.

✢ Ble cafodd Iesu ei gladdu?

Mae dau le yn Jerwsalem lle mae pererinion Cristnogol yn mynd i weld man claddu Iesu a chofio amdano.

Enw un yw Beddrod yr Ardd. Yn y bedwaredd ganrif ar bymtheg, awgrymodd swyddog o'r fyddin Brydeinig, Cadfridog Gordon, mai hwn oedd y lle cywir. Beddrod isel wedi ei naddu o'r graig ydyw, gyda chilfachau i osod cyrff. Yn anffodus, erbyn heddiw, mae'r beddrod yn ddilewyrch am fod wal hyll yn rhannol gau'r fynedfa.

Mae ymchwil ddiweddar wedi awgrymu fod y beddrod yma dipyn yn hŷn na chyfnod Iesu, ac felly nid beddrod Joseff o Arimathea oedd hwn. Fodd bynnag, oherwydd ei fod yn feddrod hynafol mewn gerddi prydferth mae'n parhau yn fan pwysig i bererinion.

Eglwys y Beddrod Sanctaidd yw'r lle arall. Ychydig ar ôl amser Iesu, dinistriwyd Jerwsalem ac yna fe'i hailadeiladwyd gan y Rhufeiniaid. Dim ond yn 326 OC, pan ddaeth yr Ymerawdwr Cystennin yn Gristion, yr ailgynnwyd y diddordeb mewn safleoedd Cristnogol. Awgrymodd Cristnogion lleol ble i dyllu a darganfuwyd beddrod. Torrwyd ymaith y graig i greu cysegrfan o'i amgylch.

Dros y canrifoedd, fe'i difrodwyd gan ddaeargryn, tân a rhyfel, ond parhaodd y pererinion i ymweld â'r safle, ac adeiladwyd eglwys yno.

Mae'r holl dystiolaeth a gasglwyd yn awgrymu mai hwn yw safle'r bedd.

Mae'r cofadeilad coeth yma yn cynnwys beddrod traddodiadol Crist yn Eglwys y Beddrod Sanctaidd.

✢ Yr wythnos sanctaidd

Gelwir yr wythnos sy'n dechrau gyda Sul y Blodau yn Wythnos Sanctaidd. Yn ystod yr wythnos ho,n sylweddolodd ei ddisgyblion nad oedd Iesu yn mynd i fod yn frenin daearol. Yn hytrach, cadwodd ei ffydd yn Nuw i ddod â buddugoliaeth wahanol iddo – buddugoliaeth yr atgyfodiad.

Coron ddrain – symbol fod Iesu wedi dewis llwybr dioddefaint.

Joseff o Arimathea

Aelod o'r cyngor Iddewig oedd Joseff o Arimathea. Ef a oedd yr un a gymerodd gorff Iesu oddi ar y groes. Roedd wedi anghytuno gyda'i ddedfryd ond doedd ei farn e ddim yn ddigon i achub Iesu.

Oherwydd ei statws, fe fyddai'r awdurdodau Rhufeinig wedi parchu ei ddymuniad i gymryd corff Iesu. Mae'r ffaith fod gan Joseff feddrod wedi'i baratoi gogyfer â'i farwolaeth ei hun yn dangos ei fod yn gyfoethog.

49   Yn y Bore Bach

Darganfyddwch

Yr atgyfodiad:
1 Corinthiaid 15

Yn y bore bach:
Mathew 28, Marc 16, Luc 24, Ioan 20

Mair Magdalen:
Marc 16, Luc 8, Ioan 20

Yr atgyfodiad

Enw'r wyrth o Iesu'n codi o farw'n fyw yw'r atgyfodiad. Dyma galon y ffydd Gristnogol. Un o'r bobl bwysicaf i ledaenu'r Efengyl yn fuan ar ôl cyfnod Iesu oedd Paul. Ysgrifennodd:

Ac os nad yw Crist wedi ei gyfodi, gwagedd yw'r hyn a bregethir gennym ni, a gwagedd hefyd yw eich ffydd chwi . . .

Ac os nad yw Crist wedi ei gyfodi, ofer yw eich ffydd, ac yn eich pechodau yr ydych o hyd . . .

Os ar gyfer y bywyd hwn yn unig yr ydym wedi gobeithio yng Nghrist, nyni yw'r bobl fwyaf truenus o bawb.

1 Corinthiaid 15: 14–19

Fodd bynnag, â Paul yn ei flaen gan ddweud bod ganddo ffydd lwyr yn y wyrth o atgyfodiad Iesu a ffydd lwyr yn y ffaith y bydd Duw yn codi pawb sy'n credu yn Iesu o farw'n fyw. Mae'n datgan y daw'r ysgrythur yn wir:

"Llyncwyd angau mewn buddugoliaeth."

1 Corinthiaid 15:54

Cred Cristnogion bod yn rhaid i bawb farw cyn dod yn rhan o deyrnas Duw, yn yr union ffordd mae hedyn yn syrthio i'r ddaear cyn dechrau tyfu.

Ddiwrnod wedi'r Sabath, wrth i'r wawr dorri, aeth rhai o'r gwragedd at y bedd.

Y ddaeargryn a'r angel

Dywed Mathew fod Mair Magdalen a Mair arall wedi mynd at y bedd. Bu daeargryn, ac agorwyd ddrws y beddrod gan angylion. Syrthiodd ceidwaid y bedd fel petaent wedi marw. Dywedodd yr angel wrth y gwragedd fod Iesu yn fyw ac wedi mynd i Galilea. Wrth i'r gwragedd ruthro i ddweud wrth y disgyblion, daethant wyneb yn wyneb â Iesu ac roeddent wrth eu bodd.

Yn y cyfamser, aeth y ceidwaid i weld yr arweinwyr crefyddol i adrodd yr hanes. Rhoddwyd arian iddynt i ledu stori fod dilynwyr Iesu wedi dwyn ei gorff.

Y drws agored a'r angel

Dywed Marc fod tair gwraig wedi mynd at y bedd – Mair Magdalen, Mair, mam Iago, a Salome. Roedd perlysiau ganddynt er mwyn paratoi'r corff i'w gladdu. Wrth iddynt bendroni sut y gallent agor y beddrod, gwelsant fod y bedd eisoes wedi ei agor. Tu mewn, roedd gŵr ifanc wedi ei wisgo mewn dillad gwyn. Dywedodd wrthynt fod Iesu yn fyw ac yn mynd i Galilea. Cawsant fraw ac aethant ymaith ar frys.

Y bedd gwag

Dywed Luc fod Mair Magdalen, Joanna a Mair, mam Iago wedi mynd at y bedd gyda pherlysiau. Roedd drws y bedd ar agor a'r bedd yn wag. Wrth iddynt bendroni dros ystyr hyn, daeth dau ŵr mewn dillad disglair i sefyll gerllaw.

Daeth ofn arnynt, a phlygasant eu hwynebau tua'r ddaear. Meddai'r dynion wrthynt, "Pam yr ydych yn ceisio ymhlith y meirw yr hwn sy'n fyw? Nid yw ef yma; y mae wedi ei gyfodi."
Luc 24: 5–6

Aeth y gwragedd i ddweud wrth y disgyblion. Doedd neb yn credu'r stori. Rhedodd Pedr at y bedd a darganfod y lliain a orchuddiai'r corff, ond dim byd arall.

Y gŵr yn yr ardd

Dywed Ioan fod Mair Magdalen wedi mynd at y bedd yn gynnar ar y bore Sul. Roedd y bedd yn agored ac yn wag. Brysiodd i nôl Pedr ac Ioan. Aethant i mewn i'r bedd a gweld y dillad. Aeth y disgyblion adref ond arhosodd Mair ger y bedd. Pan edrychodd eto, gwelodd ddau angel mewn dillad gwyn. Gofynnodd yr angylion iddi pam yr oedd yn crio. Atebodd, 'Maent wedi cymryd fy Arglwydd ymaith, ac nid wyf yn gwybod pa le y mae.'

Yna trodd. Roedd gŵr yn sefyll yno, a gofynnodd ef iddi pam roedd hi'n crio.

Tybiodd mai'r garddwr oedd ef a dywedodd wrtho, 'Os ti ai cymerodd, dywed wrthyf ble y rhoddaist ef, ac af ato.'

Dywedodd Iesu wrthi, 'Mair!'

Yna adnabu Mair ef: Iesu, ei hathro annwyl.

Felly aeth Mair i ddweud wrth y disgyblion.

Mair Magdalen yn adnabod Iesu.

✢ Sul y Pasg

Enw dydd atgyfodiad Iesu yng nghalendr yr eglwys yw Sul y Pasg. Dyma ŵyl bwysicaf y flwyddyn Gristnogol. Does dim dyddiad penodol i'r ŵyl ac oherwydd hyn fe'i gelwir yn wledd symudol. Dethlir y Pasg ar y dyddiad canlynol: ar ôl y cyhydnos ar Fawrth 21 (pan fo dydd a nos yn union yr un hyd) bydd Cristnogion yn aros tan y lleuad lawn nesaf. Sul y Pasg yw'r Sul cyntaf ar ôl y lleuad lawn.

Mae nifer o eglwysi yn dathlu drwy addoli ar doriad gwawr ar Sul y Pasg.

Mair Magdalen

Yn ôl Marc a Luc, roedd Mair o Magdala yn ddilynwr ffyddlon i Iesu oherwydd roedd ef wedi ei hiacháu o bŵer dinistriol saith diafol. Yn ôl y traddodiad Cristnogol, hi oedd y wraig â chanddi dipyn o hanes wnaeth olchi traed Iesu. Beth bynnag fo'i gorffennol, hi welodd y Crist atgyfodedig gyntaf. Mae ei stori yn atgoffa Cristnogion nad yw Iesu yn poeni am ein gorffennol ond yn hytrach, bod yna groeso i bawb ei ddilyn.

50 Jerwsalem a Galilea

Darganfyddwch

Amheuaeth Tomos:
Ioan 20

Y ffordd i Emaus:
Luc 24, hefyd Marc 16, Mathew 28

Dw i am fynd i bysgota:
Ioan 21

Tri chwestiwn:
Ioan 21

✝ Amheuaeth Tomos

Druan o Tomos! Doedd ef ddim yno pan ymddangosodd Iesu i'r disgyblion. Dyw hi ddim yn syndod felly, nad oedd Tomos yn credu stori'r disgyblion fod Iesu wedi ymddangos iddynt, yn fyw ac yn iach. Fodd bynnag, oherwydd hyn cai ei adnabod fel 'Tomos yr anghredadun' – a phan fo eraill yn gweld hi'n anodd i gredu rhywbeth fe'i gelwir hwythau yn 'Tomos yr anghredadun'.

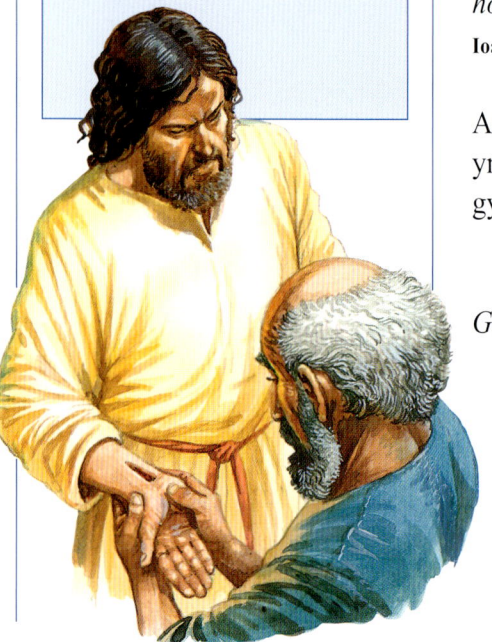

Ar ddydd yr atgyfodiad, ac am ddeugain niwrnod wedi hynny, gwelodd y disgyblion Iesu, siaradodd gyda hwy a bwytaodd gyda hwy.

Y ffordd i Emaus

Ar y bore Sul, roedd dau o ddilynwyr Iesu yn cerdded o Jerwsalem i Emaus. Daeth gŵr atynt a gofyn am beth oeddent yn siarad. Esboniodd y gŵr o'r enw Cleopas fod pawb yn siarad am Iesu o Nasareth – yr un roedd pawb yn gobeithio y byddai'n rhyddhau'r bobl, yr un a groeshoeliwyd, a'r un, yn ôl rhai, a oedd wedi atgyfodi.

Esboniodd y gŵr fod hyn wedi digwydd yn union fel a broffwydwyd am y Meseia yn yr ysgrythurau. Oherwydd eu chwilfrydedd, penderfynasent ofyn i'r gŵr aros gyda hwy fel eu gwestai. Wrth iddynt eistedd i fwyta, bendithiodd y gŵr y bara a'i dorri. Iesu ydoedd!

Ar unwaith, diflannodd y gŵr. Rhuthrodd Cleopas a'i gyfaill yn ôl i Jerwsalem at y disgyblion.

Yn ôl Luc, roedd y ddau yn adrodd eu stori, pan ymddangosodd Iesu. Dangosodd ei glwyfau iddynt a bwyta gyda hwy i ddangos nad ysbryd ydoedd. Mae Efengyl Marc yn cynnwys stori debyg.

Yn ôl Ioan roedd deg o'r disgyblion yn yr ystafell ar y nos Sul honno. Roeddent yn gorfoleddu o weld Iesu ac felly roedd yn rhaid rhannu'r newyddion gyda'r unfed ar ddeg, Tomos, pan ddychwelodd yntau. Fodd bynnag, methodd â chredu'r hanes.

"Os na welaf ôl yr hoelion yn ei ddwylo, a rhoi fy mys yn ôl yr hoelion, a'm llaw yn ei ystlys, ni chredaf fi byth."
Ioan 20:25

Aeth wythnos heibio. Unwaith eto roedd yr holl ddisgyblion wedi casglu ynghyd gyda'r drws ar glo. Ymddangosodd Iesu gan ofyn i Tomos ei gyffwrdd.

Atebodd Thomas ef, "Fy Arglwydd a'm Duw!"
Dywedodd Iesu wrtho, "Ai am i ti fy ngweld i yr wyt ti wedi credu? Gwyn eu byd y rhai a gredodd heb iddynt weld."
Ioan 20: 28–29

Pan welodd Tomos glwyfau Iesu, credai fod yn rhaid bod Iesu wedi atgyfodi.

Yn ôl Efengyl Mathew, yr hyn mae'n ei ddweud yn syml yw fod Iesu atgyfodedig wedi cyfarfod â'r un ar ddeg disgybl ar fryn yng Ngalilea. Mae Ioan yn sôn am hanes tra gwahanol wrth iddo ymddangos i'w ddisgyblion. Digwyddodd hyn yng Ngalilea ar ôl iddo weld ei ddisgyblion yn Jerwsalem.

Rydw i am fynd i bysgota

Roedd saith o'r disgyblion, gan gynnwys Pedr ac Ioan, ar lan Llyn Galilea.

'Rydw i am fynd i bysgota,' meddai Pedr. Dyna oedd ei waith cyn iddo gyfarfod â Iesu.

Penderfynodd y lleill gadw cwmni iddo. Ond er ei holl brofiad, ni ddaliodd ddim byd drwy'r nos. Wrth iddi wawrio, anelodd y cwch am y lan. Roedd gŵr yn eu gwylio.

'Wŷr ifanc, ddalioch chi unrhyw beth?' gofynnodd.

'Dim byd,' oedd eu hateb.

Dywedodd, 'Taflwch eich rhwydau allan ar yr ochr dde ac fe wnewch ddal digonedd.'

Pan wnaethant hyn, roedd eu rhwydau mor llawn o bysgod fel na allent eu codi i mewn i'r cwch.

Yna edrychodd Ioan yn ofalus ar y gŵr. 'Yr Arglwydd yw!' meddai wrth Pedr. Yn syth, neidiodd Pedr i'r dŵr gan nofio i'r lan, a gadael y lleill i hwylio'r llong yn ôl at y lan. Roedd gan Iesu dân golosg yn llosgi'n braf, a gofynnodd am ychydig o bysgod er mwyn eu coginio.

Tri chwestiwn

Pan gyfarfu Iesu â'i ddisgyblion, gofynnodd deirgwaith i Pedr a oedd yn ei garu.

Gofynnodd iddo y drydedd waith, "Simon fab Ioan, a wyt ti'n fy ngharu i?" Ac meddai wrtho, "Arglwydd, fe wyddost ti bob peth, ac rwyt ti'n gwybod fy mod yn dy garu di."

Ioan 21:17

Dywedodd Iesu wrth Pedr i ofalu am ei holl ddilynwyr ac i fod yn ufudd iddo tan ei farwolaeth. Roedd fel pe bai Pedr yn gorfod dadwneud y weithred o wadu Iesu ar noson ei arestio.

Neidiodd Pedr allan o'r cwch er mwyn bod y cyntaf i'r lan . . . lle'r oedd Iesu yn disgwyl amdanynt.

51 Iesu'n Ffarwelio

Darganfyddwch

Iesu'n ffarwelio:
Mathew 28, Luc 24, hefyd Marc 16, Ioan 20, 21 ac Actau 1

Iesu'n mynd i'r nefoedd:
Luc 24, Actau 1, hefyd Marc 16

Pan ymddangosodd Iesu i'w ddisgyblion, esboniodd yr hyn a ddigwyddodd iddo. Dywedodd wrthynt am barhau â'i waith ef.

"Fel hyn y mae'n ysgrifenedig: fod y Meseia i ddioddef, ac i atgyfodi oddi wrth y meirw ar y trydydd dydd, a bod edifeirwch, yn foddion maddeuant pechodau, i'w gyhoeddi yn ei enw ef i'r holl genhedloedd, gan ddechrau yn Jerwsalem."
Luc 24: 46–47

"Ewch, gan hynny, a gwnewch ddisgyblion o'r holl genhedloedd, gan eu bedyddio hwy yn enw'r Tad a'r Mab a'r Ysbryd Glân, a dysgu iddynt gadw'r holl orchmynion a roddais i chwi. Ac yn awr, yr wyf fi gyda chwi yn wastad hyd ddiwedd amser."
Mathew 28: 19–20

Dywedodd Pedr wrth y dyrfa o ddilynwyr mai naill ai Joseff neu Mathias fyddai'n cymryd lle Jiwdas Iscariot.

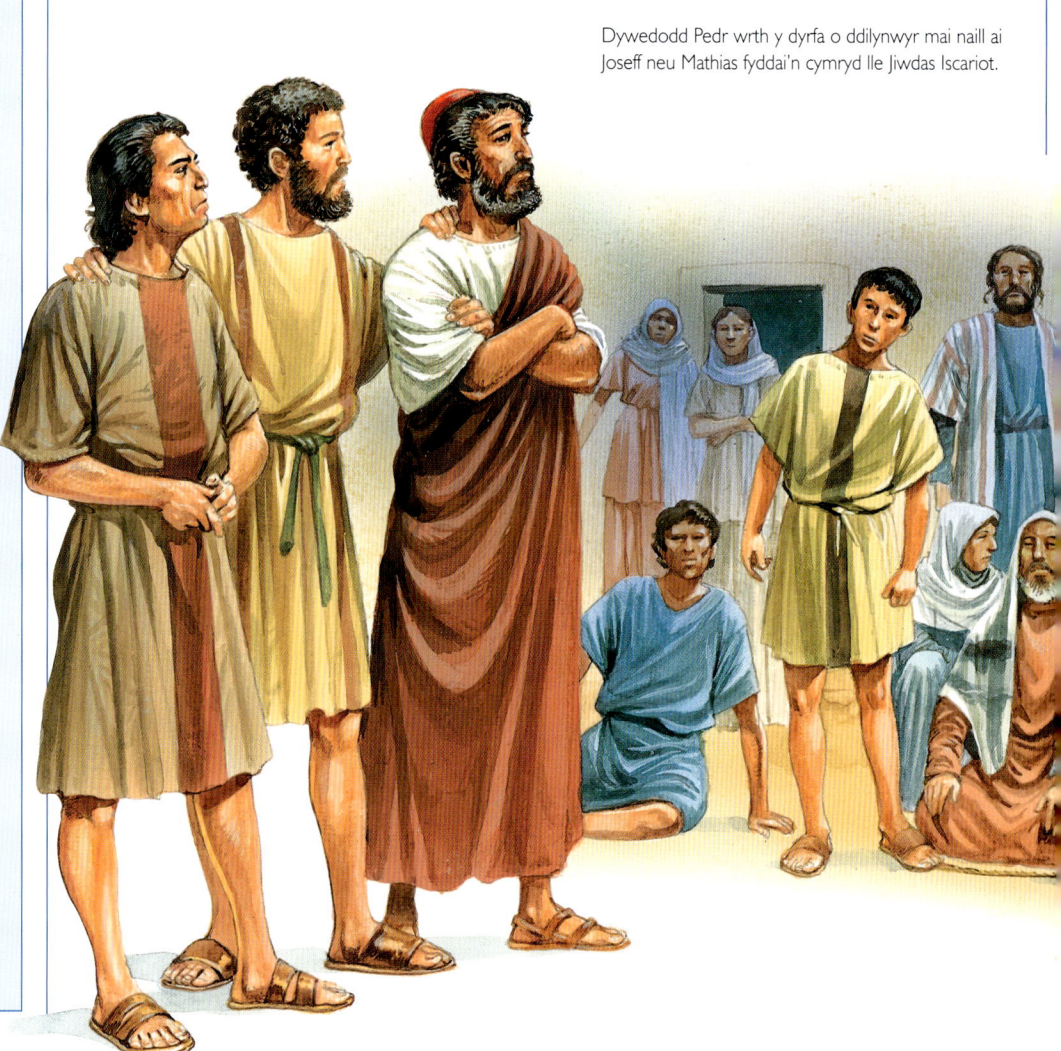

✠ Bedydd

Mewn nifer o eglwysi, mae pobl sy'n newydd i'r ffydd Gristnogol yn cael eu croesawu trwy fedydd. Wrth iddynt gael eu trochi mewn dŵr, neu gael dŵr wedi ei dywallt drostynt, dywedir y geiriau, 'Yn enw'r tad, a'r mab a'r Ysbryd Glân.'

Dyma'r union eiriau y dywedodd Iesu wrth ei ddisgyblion am eu defnyddio. Mae'r sawl a fedyddir yn addo ufuddhau i ddysgeidiaeth Iesu.

Mae rhai eglwysi yn bedyddio babanod. Yn yr achosion hyn, mae'r rhieni a'r rhieni bedydd yn addo magu eu plant yn ôl dysgeidiaeth Iesu.

Mewn rhai eglwysi, defnyddir cragen arian i dywallt dŵr dros y sawl sy'n cael ei fedyddio.

Iesu'n mynd i'r nefoedd

Mae Luc yn adrodd hanes dramatig am yr hyn a ddigwyddodd wedyn.

Arweiniodd Iesu ei ddisgyblion allan o Jerwsalem cyn belled â Bethania. Yno, cododd ei ddwylo i fyny a'u bendithio. Wrth iddo eu bendithio, cafodd ei gymryd oddi wrthynt i'r nefoedd.

Fe'i cuddiwyd gan gwmwl. Ni allent dynnu eu llygaid o'r awyr wrth iddo ymadael. Yn sydyn, safai dau ddyn mewn dillad gwynion gerllaw iddynt.

'Pam ydych yn edrych at y nef?' gofynnodd y dynion i'r disgyblion. 'Bydd Iesu, a gymerwyd oddi wrthych i'r nefoedd, yn dychwelyd un dydd yn yr un modd.'

Ar ôl iddynt dystio i ymadawiad Iesu, dychwelodd yr un ar ddeg disgybl i Jeriwasalem gan addoli Duw yn y Deml. Daethant ynghyd i addoli yn aml, ac ymunodd gwragedd a oedd wedi parhau'n ffyddlon i Iesu gyda hwy. Roedd Mair, mam Iesu yn rhan o'r grŵp, yn ogystal â pherthnasau eraill a ddisgrifir gan Luc fel brodyr Iesu.

Un dydd, casglodd dros gant ac ugain o gredinwyr at ei gilydd. Cyhoeddodd Pedr ei fod yn credu bod angen i rywun gymryd lle Jiwdas Iscariot. Awgrymwyd enw dau – Joseff a Mathias. Gweddïodd pawb ar i Dduw roi cymorth iddynt. Dewiswyd Mathias.

✟ Yr Esgyniad

Cofir am y weithred o Iesu yn dychwelyd i'r nefoedd mewn nifer o eglwysi Cristnogol, a chyfeirir ato fel yr Esgyniad. Mae'r ŵyl ar ddydd Iau, deugain niwrnod ar ôl y Pasg.

Dyma safle traddodiadol yr Esgyniad, ger Jerwsalem. Mae capel wedi ei adeiladu o amgylch ôl troed.

Apostolion

Gelwir disgyblion Iesu yn apostolion. Ystyr 'apostolion' yw 'y rhai a anfonir'. Anfonwyd y disgyblion gan Iesu i ledaenu'r neges am Iesu a theyrnas Duw.

Actau'r Apostolion

Mae ail lyfr Luc, sef yr adroddiad pwysicaf o'r hyn a ddigwyddodd i ddilynwyr cyntaf Iesu, hefyd yn y Beibl. Enw'r llyfr yw Actau'r Apostolion, neu Llyfr yr Actau. Atodiad Luc yw hwn i'w Efengyl.

52 Yr Ysbryd Glân

Darganfyddwch

Yr Ysbryd Glân:
Actau 2

Ffrwythau'r Ysbryd:
1 Corinthiaid 12–14

✝ Siarad mewn tafodau

Ar ddydd y Pentecost, darganfu y credinwyr eu bod yn siarad ieithoedd estron yr oedd pererinion o rannau eraill yr ymerodraeth yn eu deall.

Mewn rhai eglwysi, mae 'siarad mewn tafodau' yn rhan rheolaidd o'u haddoliad. Heddiw, mae'r addolwyr yn honni bod Duw yn eu galluogi i siarad ieithoedd nad oes neb (gan gynnwys eu hunain) yn eu deall ond maent yn ysbrydoli eraill i addoli Duw.

Yr eglwys Bentecostaidd ddaeth â'r ymarfer yma 'nôl i fywyd yr eglwys wrth gofio am y Pentecost cyntaf.

Dywedodd Iesu wrth ei ddisgyblion am beidio â rhuthro allan yn syth i ledaenu'r neges. Yn hytrach roeddent i gadw'n dawel yn Jerwsalem tan iddynt dderbyn nerth gan Dduw, yr Ysbryd Glân.

Deg diwrnod ar ôl i Iesu ddychwelyd i'r nefoedd, roedd hi'n amser dathlu gŵyl Iddewig y Pentecost, gŵyl y cynhaeaf.

Unwaith eto, roedd Jerwsalem yn llawn o bererinion o bedwar ban y byd.

Roedd holl ddilynwyr Iesu wedi ymgynnull. Yn sydyn, clywsant sŵn fel gwynt nerthol yn chwythu, a chyffyrddwyd pob un ohonynt gan dafodau o dân.

Fe'u trawsnewidiwyd gan nerth Duw – 'wedi eu llenwi gan yr Ysbryd Glân' – ac yn sydyn, roeddent yn gallu siarad ieithoedd estron. Yn fuan, casglodd torf ynghyd: roedd y pererinion yn gallu clywed pobl yn siarad eu hieithoedd hwy. Clywsant am Dduw a'r hyn a wnaeth. Llanwyd hwy â chwilfrydedd.

Roedd y disgyblion mewn ystafell a'r drws wedi ei gloi, oherwydd bod ofn arnynt.

Pan dderbyniodd y disgyblion nerth yr Ysbryd Glân,
aethant allan ar frys i Jerwsalem gan ledaenu'r neges am Iesu.

Yna safodd Pedr a siaradodd gyda'r dorf. Esboniodd fod popeth a ysgrifennwyd yn yr ysgrythurau Iddewig wedi ei gyflawni trwy Iesu gan mai Iesu oedd y Meseia.

'Beth a wnawn?' gofynnodd y bobl, achos doedden nhw ddim yn deall.

Meddai Pedr wrthynt, "Edifarhewch, a bedyddier pob un ohonoch yn enw Iesu Grist er maddeuant eich pechodau, ac fe dderbyniwch yr Ysbryd Glân yn rhodd. Oherwydd i chwi y mae'r addewid, ac i'ch plant ac i bawb sydd ymhell, pob un y bydd i'r Arglwydd ein Duw ni ei alw ato." Ac â geiriau eraill lawer y tystiolaethodd ger eu bron, a'u hannog, "Dihangwch rhag y genhedlaeth wyrgam hon."
Actau 2: 38–40

Argyhoeddwyd nifer o bobl gan yr hyn a ddywedodd Pedr, a bedyddiwyd tair mil ohonynt.

Roedd Iesu, trwy ei fywyd a'i farwolaeth, wedi trawsnewid ei grŵp bychan o ddilynwyr. Roedd ei neges ar fin trawsnewid y byd.

✢ Pentecost

Dethlir gŵyl y Pentecost yn flynyddol yn y rhan fwyaf o eglwysi. Daw hanner cant o ddyddiau wedi'r Pasg. Mae Cristnogion yn gweddïo ar i'r Ysbryd Glân eu hysbrydoli.

Ffrwythau'r ysbryd

Nid dim ond ar gyfer dilynwyr Iesu ar Ddydd y Pentecost oedd ffrwythau'r Ysbryd, meddai un o'r Cristnogion cyntaf. Ysgrifennodd lythyr i esbonio:

Y mae amrywiaeth doniau, ond yr un Ysbryd sy'n eu rhoi; ac y mae amrywiaeth gweinidogaethau, ond yr un Arglwydd sy'n eu rhoi; ac y mae amrywiaeth gweithrediadau, ond yr un Duw sydd yn gweithredu pob peth ym mhawb. Rhoddir amlygiad o'r Ysbryd i bob un, er lles pawb.
1 Corinthiaid 12: 4–7

Credai y byddai pob Cristion yn cael gallu arbennig gan Dduw – rhywbeth a fyddai'n help i waith yr eglwys.

Fodd bynnag, ychwanegodd mai'r peth pwysicaf y dylai pob Cristion ei wneud ydy rhannu cariad.

Mewn gair, y mae ffydd, gobaith, cariad, y tri hyn, yn aros. A'r mwyaf o'r rhain yw cariad.
1 Corinthiaid 13:13

53 Y Credinwyr yn Jerwsalem

Ar ôl Dydd y Pentecost, tyfodd y niferoedd o gredinwyr yn ddyddiol. Roeddent yn trin ei gilydd fel teulu, gan rannu eu heiddo fel nad oedd neb mewn angen, a chyfarfod yn nhai ei gilydd i rannu bwyd. Roedd hyd yn oed y rhai nad oedd yn credu yn llawn edmygedd ohonynt.

Darganfyddwch

Gwyrthiau a rhyfeddodau:
Actau 2–4

Diaconiaid:
Actau 6

Y credinwyr yn Jerwsalem:
Actau 2–5

Steffan:
Actau 6–7

Gwyrthiau a rhyfeddodau

Yn fuan ar ôl iddynt ddechrau pregethu, cyflawnodd Pedr a Ioan wyrth anhygoel yn Jerwsalem. Llwyddodd y ddau i iachau dyn a oedd yn methu cerdded ac a oedd wedi gorwedd yn begera wrth borth y Deml ers blynyddoedd. Roedd llawer o adroddiadau o wyrthiau eraill hefyd.
O ganlyniad, credodd mwy a mwy o bobl neges yr apostolion ac roedd arweinwyr y cyngor a'r arweinyddion crefyddol yn y niwl.

✛ Diaconiaid

Dewisodd yr apostolion saith i'w helpu i edrych ar ôl manylion ymarferol trefnu grŵp o gredinwyr. Yr enw Groegaidd am 'cynorthwywr' yw 'diakonos', sef tarddiad y gair 'diacon' yn Gymraeg. Rhoddir yr enw yma ar weithwyr gyda chyfrifoldeb arbennig o fewn yr eglwys.

Dyfodol peryglus

Roedd yr arweinyr crefyddol yn Jerwsalem wedi eu siomi. Wedi'r cyfan, nhw oedd wedi trefnu dienyddiad Iesu. Doedden nhw ddim yn disgwyl gweld ei ddilynwyr yn ailffurfio gyda'r fath frwdfrydedd a llwyddiant. Daliwyd Pedr ac Ioan a'u dwyn o'u blaen, a'u rhybuddio yn chwyrn i beidio â pharhau i bregethu. Atebodd y ddau ohonynt yn eofn:

"A yw'n iawn yng ngolwg Duw wrando arnoch chwi yn hytrach nag ar Dduw? Barnwch chwi.

Ni allwn ni dewi â sôn am y pethau yr ydym wedi eu gweld a'u clywed."
Actau 4: 19–20

Rhyddhaodd angel Pedr ac Ioan o'r carchar.

Cawsant eu rhyddhau gyda rhybudd ond penderfynodd y ddau barhau i ledaenu'r neges fwyfwy. Yna taflwyd y ddau i'r carchar gan yr arweinwyr crefyddol Iddewig. Yna yn ôl Luc, ymwelodd angel â hwy gan agor y gatiau i'w rhyddhau. Aeth yr apostolion i'r Deml a pharhau i bregethu.

Arestiwyd hwy eto gan y cyngor, a hynny yn dawel a di-ffws, a gorchmynnwyd iddynt stopio pregethu am Iesu a'i atgyfodiad. Gwrthododd y ddau unwaith eto. Erbyn hynny, roedd rhai aelodau o'r cyngor eisiau eu lladd, ond mynnodd un ohonynt, o'r enw Gamaliel, siarad.

Atgoffodd y cyngor am ddau ddyn ddrwg enwog a oedd wedi bod yn arwyr lleol ymhlith criw o ddilynwyr. Unwaith roedd y ddau wedi eu lladd, diflannodd eu dilynwyr. Aeth Gamaliel yn ei flaen gan ddweud:

"Ac yn yr achos hwn, 'rwy'n dweud wrthych, ymogelwch rhag y dynion hyn; gadewch lonydd iddynt. Oherwydd os o ddynion y mae'r bwriad hwn neu'r weithred hon, fe'i dymchwelir; ond os o Dduw y mae, ni fyddwch yn abl i'w ddymchwelyd. Fe all y'ch ceir chwi yn ymladd yn erbyn Duw."

Actau 5: 38–39

Steffan

Tua'r un adeg, sylweddolodd yr apostolion eu bod yn treulio gormod o amser yn rhannu arian rhwng yr holl gredinwyr. Roeddent am roi mwy o'u hamser i bregethu, felly dewiswyd saith i'w helpu gyda'r manylion ymarferol hyn. Un o'r rhain oedd Steffan, a chyflawnodd wyrthiau yn enw Iesu. Cafodd ei dynnu i ddadl am Iesu gydag Iddewon eraill. Oherwydd nad oeddent yn gallu ennill y ddadl, llusgwyd Steffan o flaen y cyngor.

Unwaith yn rhagor, esboniodd Steffan pam y dylid credu yn Iesu. Rhoddodd araith hir gan ddyfynnu o ysgrythurau Iddewig er mwyn dangos dro ar ôl tro sut oedd y bobl wedi gwrthod arweiniad Duw.

Prun o'r proffwydi na fu'ch hynafiaid yn ei erlid? Ie, lladdasant y rhai a ragfynegodd ddyfodiad yr Un Cyfiawn. A chwithau yn awr, bradwyr a llofruddion fuoch iddo ef, chwi y rhai a dderbyniodd y Gyfraith yn ôl cyfarwyddyd angylion, ac eto ni chadwasoch mohoni."

Actau 7: 52–53

Mewn tymer, llusgodd y cyngor Steffan tu allan i'r ddinas. Tynnodd aelodau'r cyngor eu clogynnau ymaith gan ofyn i Saul ofalu amdanynt. Yna, gan anwybyddu deddf Rhufain a oedd yn mynnu mai dim ond swyddog Rhufeinig a allai ddedfrydu rhywun i farwolaeth, llabyddiwyd Steffan.

Yn ôl Luc, wrth i Steffan gael ei labyddio, edrychodd tua'r nef gan weld ogoniant Duw a Iesu yn sefyll ar ddeheulaw Duw.

Yn ôl traddodiad, gosodwyd Lawrence ar rhesel fetel a'i goginio i farwolaeth oherwydd iddo wrthod rhoi'r gorau i'w ffydd. Dywedir ei fod wedi parhau'n llawen tan y diwedd.

✝ Merthyron

Pan labyddiwyd Steffan, ef oedd y merthyr Cristnogol cyntaf. Yn y canrifoedd a ddilynodd, taflwyd nifer o Gristnogion Rhufeinig i ffau'r llewod, a hyn yn enw adloniant. Dros y canrifoedd mae nifer o Gristnogion eraill wedi cael eu merthyru yn enw eu ffydd. Cânt eu parchu gan yr eglwys oherwydd eu ffydd di-droi'n-ôl yn Nuw wrth iddynt wynebu marwolaeth.

54 Tu Hwnt i Jerwsalem

Darganfyddwch

Philip:
Actau 8

Pedr a Cornelius:
Actau 10

Ar ôl i Steffan gael ei labyddio, ceisiodd yr arweinwyr crefyddol gasglu'r holl gredinwyr ynghyd er mwyn eu carcharu. Aeth Saul, a oedd wedi gwylio Steffan yn cael ei labyddio, o dŷ i dŷ yn chwilio am gredinwyr.

Bu hyn o gymorth i'r credinwyr ledaenu'r neges, oherwydd gwasgarodd y credinwyr i wahanol lefydd ac wrth fynd roeddent yn lledaenu'r neges.

Philip

Aeth Philip, un o'r saith cynorthwywr i Samaria. Doedd gan yr Iddewon crefyddol ddim llawer o barch tuag at y Samariaid ac fe'u beirniadwyd am eu diffyg gwybodaeth am eu ffydd, ond roedd Philip wrth ei fodd yn rhannu ei neges gyda hwy. Daeth nifer i gredu ac fe'u bedyddiwyd. Bendithiodd Pedr ac Ioan hwy, gan osod eu dwylo arnynt, a llanwyd y credinwyr newydd â'r Ysbryd Glân.

Oddi yno, teithiodd Philip i'r de ar hyd y ffordd o Jerwsalem i Gaza. Ar ei daith gwelodd ŵr cyfoethog o Ethiopia. Roedd hwn yn gofalu am drysorlys Brenhines Ethiopia. Teimlodd Philip ei hun yn cael ei arwain gan yr Ysbryd Glân i siarad gyda'r gŵr yma. Pan nesaodd ato, sylweddolodd bod y gŵr yn darllen darnau o lyfr Eseia, sef rhan o'r ysgrythur Iddewig. Cynigiodd Philip esbonio'r darn iddo. Dywedodd wrth y gŵr fod Eseia wedi rhagweld dyfodiad Iesu.

Argyhoeddwyd yr Ethiopiad. Pan welodd bwll ar ochr y ffordd, gofynnodd am gael ei fedyddio. Roedd tramorwr – cenedl-ddyn – wedi dod yn Gristion.

Mae'r map yn dangos i ble y teithiodd rhai o ddisgyblion Iesu gan ledaenu'r neges wrth iddynt fynd.

Pedr ddaeth â'r newyddion am Iesu at swyddog Rhufeinig yn Cesarea – caer ar yr arfordir gydag amffitheatr Rufeinig ysblennydd.

Cytunodd Philip i fedyddio Ethiopiad a oedd yn dymuno am ddod yn Gristion.

112

Pedr a Cornelius

Teithiodd Pedr hefyd i ledaenu'r neges am Iesu. Syfrdanwyd nifer gan ei wyrthiau. Llwyddodd i atgyfodi gwraig o'r enw Tabitha yn nhref Joppa. Roedd ei ffrindiau wedi dod i'r tŷ i alaru. Pan welsant beth oedd Pedr wedi ei gyflawni, aethant ymaith a sôn wrth bawb!

Un dydd yn Joppa, aeth Pedr ar do tŷ i weddïo'n dawel. Roedd yn newynog, ond doedd y pryd ddim yn barod. Yng ngwres y dydd, cafodd weledigaeth. Gwelodd lu o anifeiliaid yn cael eu gollwng o'r nef, a chlywodd lais yn dweud, 'Saf ar dy draed Pedr, lladd yr anifeiliaid er mwyn eu bwyta.'

Gwrthododd Pedr. Anifeiliaid oedd y rhain na chaniatawyd i Iddewon eu bwyta. Yna clywodd y llais eto yn datgan: 'Paid ag ystyried dim yn aflan os yw Duw yn datgan yn wahanol.' Digwyddodd hyn deirgwaith.

Yna, cyrhaeddodd rhagor o deithwyr. Roeddent wedi eu hanfon gan swyddog Rhufeinig o'r enw Cornelius a oedd yn byw yn nhref Cesarea. Roedd hwn yn edmygu y ffydd Iddewig. Roedd angel wedi ymweld ag ef ac wedi ei orchymyn i anfon am Seimon Pedr.

O dipyn i beth, deallodd Pedr. Ffordd Duw o ddweud wrtho fod y rhwystr rhwng Iddew a chenedl-ddyn yn cael ei ddinistrio oedd y weledigaeth. Doedd y ddeddf Iddewig ddim yn caniatáu iddo ymweld â chenedl-ddyn, ond roedd Duw am iddo fynd i gartref Cornelius a dweud wrtho am Iesu.

Yn fuan wedi iddo gael ei groesawu i gartref Cornelius, dechreuodd bregethu: 'Sylweddolaf fod Duw yn trin pawb yr un fath. Mae Duw yn derbyn pawb sydd yn ei addoli heb boeni am hil.'

Wrth i'r teulu Rhufeinig wrando ar hanes bywyd, marwolaeth ac atgyfodiad Iesu, llanwyd pawb gyda'r Ysbryd Glân. Roedd hi'n union fel dydd y Pentecost unwaith yn rhagor. Lledaenodd y newyddion yma ar draws y wlad, ac roedd yn rhaid i bobl Jerwsalem hyd yn oed gyfaddef bod yna groeso i Iddewon a chenedl-ddynion yn nheyrnas Duw.

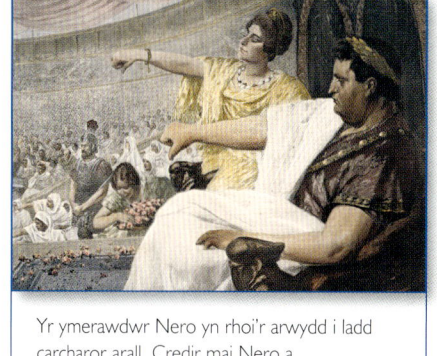

Daeth negeswyr o gartref swyddog Rhufeinig at Pedr a gofyn iddo ddod i siarad am Iesu yn y tŷ.

Yr ymerawdwr Nero yn rhoi'r arwydd i ladd carcharor arall. Credir mai Nero a orchmynnodd croeshoelio Pedr. Gofynnodd Pedr am gael ei groeshoelio â'i ben i waered oherwydd nad oedd yn deilwng o gael marw yn yr un ffordd â Iesu.

Beth a ddigwyddodd i'r disgyblion?

Ychydig a wyddir am hanes y disgyblion wedi atgyfodiad Iesu.

Roedd Pedr yn briod ac mae'n debyg ei fod wedi teithio gyda'i wraig i ledaenu'r neges am Iesu. Aeth i Rufain, ac oddi yno ysgrifennodd lythyr at Gristnogion eraill. Mae ail lythyr ganddo hefyd yn y Testament Newydd. Dedfrydwyd Pedr i farwolaeth gan yr ymerawdwr Nero mwy na thebyg.

Lledaenodd Ioan y newyddion hefyd yn eiddgar, er bod ei frawd Iago wedi cael ei ddedfrydu i farwolaeth yn Jerwsalem. Credir bod Ioan wedi ymgartrefu yn Effesus gyda mam Iesu, Mair. Yn ôl traddodiad, efa ysgrifennodd Efengyl Ioan. Cred nifer iddo ysgrifennu'r llythyron yn y Testament Newydd sy'n dwyn ei enw hefyd. Yn ôl traddodiad arall, pan oedd yn hen iawn, roedd yn annog pobl i gofio un peth yn anad dim: 'Blant bychain, carwch eich gilydd.'

55 Iesu yn Ymddangos i Saul

Darganfyddwch

Luc a Paul:
Actau 16

Iesu yn ymddangos i Saul:
Actau 9, 13, 22, 26

Saul yn troi'n Paul:
1 Corinthiaid 1, Actau 13, 21–28

Cristnogion:
Actau 11

Luc a Paul

Ceir stori Paul yn llyfr Luc, Actau'r Apostolion. Mae'n ymddangos fod Luc wedi bod yn gyd-deithiwr i Paul ar ryw achlysur – gwelir hyn o'r darn canlynol sy'n darllen fel dyddiadur:

Ac wedi hwylio o Troas, aethom ar union hynt i Samothrace, a thrannoeth i Neapolis, ac oddi yno i Philipi; dinas yw hon yn rhanbarth gyntaf Macedonia, ac y mae'n drefedigaeth Rufeinig . . . aethom y tu allan i'r porth at lan afon . . . dechreusom lefaru wrth y gwragedd oedd wedi dod ynghyd.

Actau 16: 11–13

Adfeilion Philipi – tref y teithiodd Luc a Paul iddi.

Er bod nifer o ddilynwyr Iesu wedi ffoi o Jerwsalem ar ôl i Steffan gael ei labyddio, roedd Saul am ddod o hyd iddynt. Roedd yn Iddew i'r carn, ac nid oedd yn hapus fod yr holl sibrydion am Iesu yn arwain pobl i ffwrdd o'r ffydd Iddewig.

Dechreuodd ar ei ffordd i Ddamascus, gyda sêl bendith yr archoffeiriad. Roedd wedi clywed fod pobl yn pregethu am Iesu yn y synagog yno.

Wrth iddo agosáu at y ddinas, fflachiodd golau o'r nef o'i gwmpas. Syrthiodd Saul i'r ddaear. Clywodd lais yn dweud, 'Saul, Saul, pam yr wyt yn fy erlid?'

'Pwy wyt ti?' gofynnodd Saul. 'Iesu ydw i, yr un yr wyt yn ei erlid,' meddai'r llais. 'Dos i'r ddinas a chei wybod yno am dy waith.'

Dallwyd Paul gan olau llachar ar y ffordd i Ddamascus. Yna clywodd lais Iesu.

Clywodd cyd-deithwyr Saul y llais ond ni welsant neb. Sylweddolodd Saul ei fod yn ddall a bu'n rhaid iddo gael ei arwain i Ddamascus.

Ar yr un pryd, cafodd Cristion yn Damascus weledigaeth yn ei orchymyn i ymweld â Saul ac esbonio'r neges am Iesu iddo.

Saul yn dechrau pregethu

Daeth Saul i gredu yn Iesu a dechreuodd bregethu am Iesu yn y synagog. Roedd â'r ddawn i argyhoeddi eraill i ddilyn Iesu – cymaint nes i rai Iddewon yn Damascus gynllwynio i'w ladd. Bu'n rhaid i ffrindiau Saul ei helpu i ddianc o Ddamascus drwy ei ollwng mewn basged dros furiau'r ddinas ar noson dywyll.

Dihangodd i Jerwsalem, lle'r oedd y credinwyr yno, yn naturiol ddigon, yn amheus iawn ohono. Cafodd ei dderbyn oherwydd i un dyn, Barnabas, gredu ei stori.

Roedd y newyddion am Iesu yn lledu drwy'r amser. Roedd criw bywiog o gredinwyr yn cyfarfod mewn lle o'r enw Antioch, a threuliodd Paul a Barnabas flwyddyn yno. Yna penderfynodd y credinwyr fod Duw am i'r ddau deithio ymhellach i ledaenu'r neges.

Saul yn troi'n Paul

Wrth iddo deithio ar draws yr ymerodraeth, daeth Saul i gael ei adnabod fel Paul, sef fersiwn Rhufeinig o'i enw. Ymwelodd â nifer o lefydd gwahanol. Er mwyn cadw mewn cysylltiad â chredinwyr newydd, ysgrifennodd lythyron atynt i'w hannog a'u dysgu. Parchwyd yr hyn a ysgrifennodd yn fawr. Copïwyd ei lythyron gan grwpiau eraill a chynhwysir llawer ohonynt yn y Beibl.

Yn y diwedd bu, gwrthdaro rhyngddo ef â'r awdurdodau a chafodd ei arestio. Yn ffodus iddo, gan ei fod yn ddinesydd Rhufeinig, gallai Paul fynnu cael ei brofi gan yr ymerawdwr.

Treuliodd flynyddoedd olaf ei fywyd wedi'i gyfyngu i'w dŷ yn Rhufain, lle parhaodd i ysgrifennu llythyron am Iesu.

Yn ystod hyn i gyd, roedd Paul yn argyhoeddedig fod Iesu wedi atgyfodi o farw'n fyw. Roedd y ffaith fod Iesu wedi atgyfodi yn arwydd o nerth Duw i allu rhoi bywyd newydd i'r sawl a gredai ynddo. Ysgrifennodd Paul:

Ond trwy ei waith ef yr ydych chwi yng Nghrist Iesu, yr hwn a wnaed yn ddoethineb i ni oddi wrth Dduw, yn gyfiawnder a sancteiddhad a phrynedigaeth.

1 Corinthiaid 1:30

✠ Yr Eglwys

Yn fuan, galwyd pob grŵp o gredinwyr yn eglwys. Cyfeiria'r gair at y bobl nid at adeilad. Roedd nifer yn pregethu am Iesu yn y synagog ac mewn llefydd cyhoeddus. Roedd credinwyr yn cyfarfod yn nhai ei gilydd.

✠ Cristnogion

Dywed Luc wrthym yn Llyfr yr Actau mai yn yr eglwys yn Antioch y galwyd y rhai a gredai yn Iesu yn Gristnogion am y tro cyntaf. Wrth dderbyn yr enw, mae credinwyr yn datgan eu ffydd yn y ffaith mai Iesu yw Meseia Duw, Crist Duw (gweler tud.6).

Mae'r gyfres ganlynol o fapiau yn dangos tair taith genhadol Paul a'i daith olaf i Rufain.

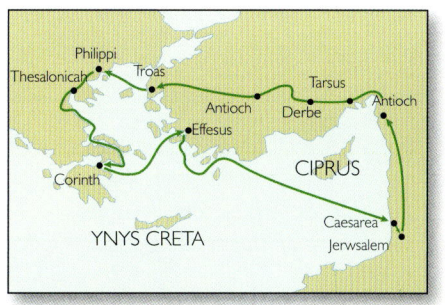

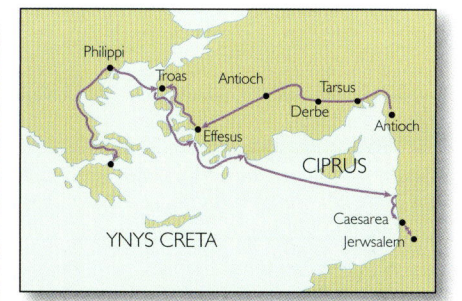

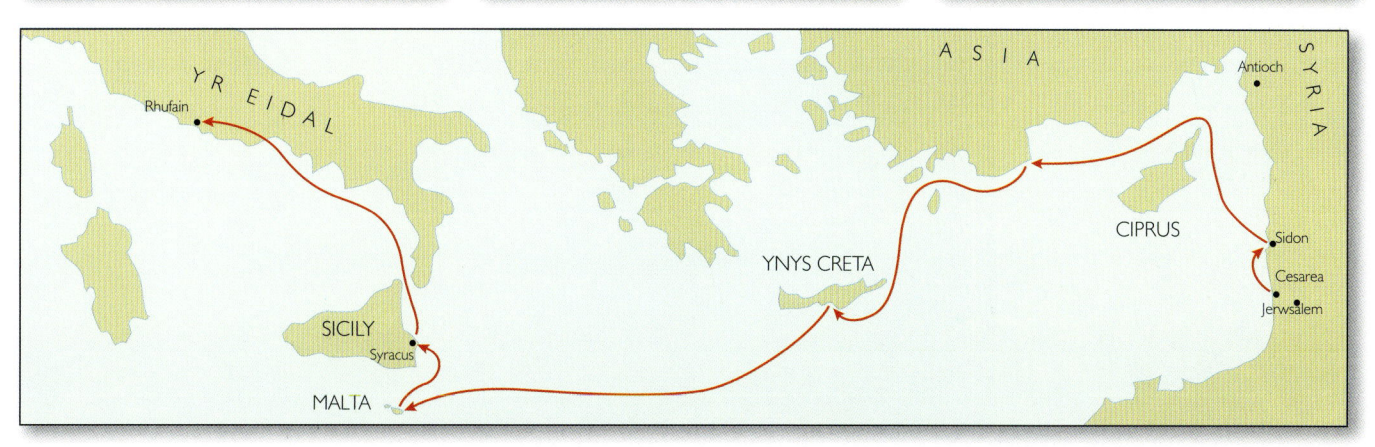

56 Gweledigaeth o Iesu

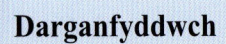

Credai'r Cristnogion cynnar y byddai Iesu yn dychwelyd un dydd. Byddai ei ddychweliad yn nodi dechrau byd newydd.

Amheuaeth yn Thesalonica

Wrth i amser fynd yn ei flaen bu farw rhai o'r credinwyr, a dechreuodd pobl golli hyder. Roedd rhai Cristnogion yn Thesalonica mor siŵr o ddychweliad Iesu fel eu bod wedi rhoi'r gorau i weithio. Dywedodd Paul wrthynt bod angen iddynt barhau i fyw yn gall gan mai Duw yn unig a wyddai pryd y deuai'r diwedd.

Darganfyddwch

Aros am Iesu:
1 Thesaloniaid 5, 2 Thesaloniaid 3

Gobaith drwy erledigaeth:
Datguddiad 1, 22

Nefoedd:
Ioan 14, Datguddiad 21, 22

Seintiau:
Datguddiad 13

Aros am Iesu

Roedd rhai Cristnogion yn disgwyl i Iesu ddychwelyd yn fuan. Ysgrifennodd Paul at y Cristnogion yn Thesalonica yn eu cynghori sut i fyw yn y cyfamser.

Gan wisgo amdanom ffydd a chariad yn ddwyfronneg, a gobaith iachawdwriaeth yn helm.

1 Thesaloniaid 5:8

Ac yr ydym yn eich annog, gyfeillion, ceryddwch y segurwyr, cysurwch y gwangalon, cynorthwywch y rhai eiddil, byddwch yn amyneddgar wrth bawb.

Gwyliwch na fydd neb yn talu drwg am ddrwg i neb, ond ceisiwch bob amser les eich gilydd a lles pawb.

Llawenhewch bob amser . . .

1 Thesaloniaid 5: 14–18

A pheidiwch chwithau, gyfeillion, â blino ar wneud daioni.

2 Thesaloniaid 3:13

Ysgrifennodd Cristion o'r enw Ioan lyfr am weledigaeth anhygoel. Yn y weledigaeth gwelodd Iesu yn dal saith seren. Yna esboniodd Iesu mai saith o eglwysi oedd y rhain a oedd angen iddo ysgrifennu atynt gyda geiriau o anogaeth ond hefyd i'w rhybuddio.

Gobaith drwy erledigaeth

Yn y cyfamser, roedd bywyd yn anodd i'r rheiny a alwent eu hunain yn Gristnogion. Ar ddiwedd y ganrif gyntaf, dechreuodd yr ymerawdwr Domitian eu herlid. Anfonodd Gristion o'r enw Ioan i wersyll llafur mewn carchar ar ynys Patmos oherwydd iddo ledaenu'r newyddion am Iesu. Yn ystod ei gyfnod yno cafodd Ioan weledigaeth:

"Yna trois i weld pa lais oedd yn llefaru wrthyf; ac wedi troi, gwelais saith ganhwyllbren aur, ac yng nghanol y canwyllbrennau un fel mab dyn, a'i wisg yn cyrraedd hyd ei draed, a gwregys aur am ei ddwyfron. Yr oedd gwallt ei ben yn wyn fel gwlân, cyn wynned â'r eira, a'i lygaid fel fflam dân. Yr oedd ei draed fel pres gloyw, fel petai wedi ei buro mewn ffwrnais, a'i lais fel sŵn llawer o ddyfroedd. Yn ei law dde yr oedd ganddo saith seren, ac o'i enau yr oedd cleddyf llym daufiniog yn dod allan, ac yr oedd ei wyneb yn disgleirio fel yr haul yn ei anterth."

Datguddiad 1: 12-18

Yr angel yn dangos y ddinas nefolaidd i Ioan.

✠ Nefoedd

Mae'r geiriau yn Llyfr y Datguddiad wedi ysbrydoli gweledigaeth Gristnogol draddodiadol o'r nefoedd.

Dinas o aur yw hi, wedi ei hamgylchynu gyda muriau uchel. Mae ganddi ddeuddeg porth a'r giatiau hynny wedi eu gwneud o berlau. Llifa afon bywyd drwy'r ddinas a saif pren y bywyd ar y naill ochr a'r llall i'r afon. Does dim haul, lleuad na sêr, dim ond goleuni Duw a Iesu.

Cred Cristnogion y byddant yn mynd i'r nefoedd oherwydd y geiriau yma gan Iesu:

"Peidiwch â gadael i ddim gynhyrfu'ch calon. Credwch yn Nuw, a chredwch ynof finnau. Yn nhŷ fy Nhad y mae llawer o drigfannau . . . fe ddof yn ôl, a'ch cymryd chwi ataf fy hun, er mwyn i chwithau fod lle'r wyf fi."

Ioan 14: 1–3

Gweledigaeth o'r nefoedd

Mae llyfr Ioan yn mynd ymlaen i ddisgrifio'r nefoedd. Gwelodd bobl ac angylion a llawer o fwystfilod anghyffredin. Gwelodd oen yn eistedd ar orsedd – symbol o Iesu, a laddwyd fel oen aberthol.

Mae'r digwyddiadau rhyfedd yn disgrifio'r gwrthdaro rhwng da a drwg. Credai nifer o bobl mai neges o anogaeth sydd yma, na fyddai'r ymerodraeth Rufeinig yn dinistrio'r ffydd Gristnogol.

Yn y diwedd, cafodd Ioan weledigaeth o nefoedd newydd a daear newydd. Gorchfygwyd marwolaeth a galar, ac addolwyd Duw yn llawen. Yn olaf, derbyniodd Ioan neges oddi wrth Iesu:

"Wele, yr wyf yn dod yn fuan, a'm gwobr gyda mi i'w rhoi i bob un yn ôl ei weithredoedd.

Myfi yw Alffa ac Omega, y cyntaf a'r olaf, y dechrau a'r diwedd."

Gwyn eu byd y rhai sy'n golchi eu mentyll er mwyn iddynt gael hawl ar bren y bywyd a mynediad trwy'r pyrth i'r ddinas.

Oddi allan y mae'r cŵn, y dewiniaid, y puteinwyr, y llofruddion, yr eilunaddolwyr, a phawb sy'n caru celwydd ac yn ei wneud. "Yr wyf fi, Iesu, wedi anfon fy angel i dystiolaethu am y pethau hyn i chwi ar gyfer yr eglwysi. Myfi yw Gwreiddyn a Hiliogaeth Dafydd, seren ddisglair y bore."

Datguddiad, sef llyfr Ioan, yw llyfr olaf y Beibl, ac mae'n gorffen gyda:

"Yn wir, yr wyf yn dod yn fuan." Amen. Tyrd, Arglwydd Iesu! Gras yr Arglwydd Iesu fyddo gyda phawb! . . .

Datguddiad 22: 12–16, 20–21

✠ Seintiau

Mewn rhai hen gyfieithiadau o'r Beibl, cyfeirir at y bobl sy'n credu yn Iesu fel seintiau. Ystyr y gair yw 'pobl Dduw'.

Mewn rhai traddodiadau eglwysig, rhoddir yr enw 'Saint' ar bobl oedd wedi bod yn ffyddlon a thriw ac wedi cyflawni gwyrthiau.

Un o hoff seintiau Cristnogaeth yw Ffransis o Assisi a benderfynodd fyw bywyd o dlodi a gostyngeiddrwydd.

57 Iesu a'r Eglwys

Darganfyddwch

Beth i'w gredu:
Genesis 1, Salm 33, Ioan 3, Mathew 26, Marc 14, Luc 22, Actau 10, 1 Corinthiaid 15

✠ Ichthus

Y gair Groeg am bysgodyn yw *Icthus* a daeth y pysgodyn yn symbol cyfrinachol i'r Cristnogion a erlidiwyd gan y Rhufeiniaid. Atgoffai llythrennau'r gair eu bod yn credu yn Iesu.

Iesous	Iesu
CHristos	Grist
THeous	O Dduw
hUios	Mab
Soter	Gwaredwr

Chi-Rho

Symbol a fabwysiadodd Constantine oedd y Chi-rho – enwau dwy lythyren gyntaf yr wyddor Roeg a dwy lythyren gyntaf 'Christos' – Crist. Gwelir y Chi-Rho yn aml mewn eglwysi.

Wrth i'r blynyddoedd fynd heibio, bu farw'r bobl a oedd wedi adnabod Iesu yn y cnawd. Fodd bynnag, roedd y niferoedd o Gristnogion yn dal i dyfu er bod yr arweinwyr Rhufeinig yn ddrwgdybus ohonynt ac yn aml yn eu herlid.

Iesu a'r ymerawdwr

Yn y flwyddyn 312, roedd yr ymerawdwr Cystennin yn paratoi ar gyfer brwydr. Ddiwrnod cyn i'w fyddin fynd ymaith i'r frwydr, cafodd weledigaeth o groes Gristnogol yn yr awyr. O'i chwmpas roedd y geiriau Lladin, *In hoc signo vinces* – trwy'r arwydd yma, byddi'n gorchfygu.

Y noson honno, cafodd Cystennin freuddwyd, ac ynddi ymddangosodd Iesu gan ofyn iddo wneud hwn yn symbol iddo'i hun. Drannoeth, enillodd Cystennin y frwydr. Sefydlodd Gristnogaeth fel crefydd swyddogol yr ymerodraeth. Er ei fod yn annhebygol y byddai Iesu wedi gorfodi pobl i'w ddilyn, caniataodd hyn i'r ffydd gael ei lledaenu'n haws.

Dwyrain a gorllewin

O gyfnod cynnar, roedd dwy eglwys bwysig mewn dwy ddinas: Rhufain, a oedd yng nghalon yr ymerodraeth Rufeinig, a Chaer Gystennin, yn fwy i'r dwyrain. Dros y blynyddoedd, datblygodd y ddwy eglwys ffyrdd tra gwahanol o addoli ac yn yr unfed ganrif ar ddeg, daeth rhwyg. Enw eglwys y gorllewin oedd yr Eglwys Gatholig, ac enw eglwys y dwyrain oedd yr Eglwys Uniongred. Gair am 'cyffredinol' yw 'Catholig'. Daw'r gair 'uniongred sef 'orthodox' o ddau air Groeg *orthos* a *doxa*, sy'n golygu y 'credo gwir' – 'uniongred'.

Catholigion (Pabyddion) a Phrotestaniaid

Yn ystod y Canol Oesoedd, roedd gan yr Eglwys Babyddol lawer o bŵer a chyfoeth yn Ewrop. Roedd llawer o Gristnogion yn ceisio byw yn ôl dysgeidiaeth Iesu, ond roedd hi'n ymddangos bod y sefydliad wedi tyfu'n llygredig. Yn yr unfed ganrif ar bymtheg, hoeliodd mynach Pabyddol o'r enw Martin Luther restr o gwestiynau yr hoffai eu trafod gyda'r awdurdodau ar ddrws eglwys. Roedd y rhain yn tanlinellu'r gwahaniaeth rhwng yr hyn roedd yr eglwys yn ei wneud a'r hyn roedd y Beibl yn ei ddweud. Arweiniodd hyn at anghytundeb chwerw a gwrthodwyd Luther gan yr eglwys yn 1521.

Roedd hwn yn drobwynt a sefydlodd fudiad newydd Cristnogol oedd am ddarllen y Beibl a darganfod ei ddysgeidiaeth drostynt eu hunain. Daethant i gael eu hadnabod fel Protestaniaid. Ffurfiodd sawl cangen o Brotestaniaid gan gynnwys y Bedyddwyr a'r Presbyteriaid.

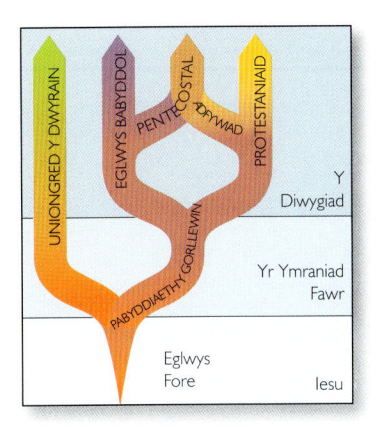

Mae'r diagram yn dangos prif ganghennau a datblygiad yr Eglwys Gristnogol.

Y Diwygiad a'r Eglwys Bentecostaidd

Yn 1906, roedd aelodau o eglwys Brotestannaidd yn Los Angeles yn dechrau cael yr un fath o brofiadau ac a gafodd y disgyblion ar Ddydd y Pentecost – llanwyd hwy â'r Ysbryd Glân a gallent siarad mewn tafodau. Darganfu rhai eu bod yn gallu iacháu pobl 'yn enw Iesu'. Yn fuan roedd grwpiau Pentecostaidd yn tyfu ymhobman. Ers hynny, mae'r Eglwys Bentecostaidd wedi dylanwadu ar rannau eraill o'r eglwys.

Un eglwys, un ffydd, un Arglwydd

Ers i Iesu droedio'r ddaear hon ddwy fil o flynyddoedd yn ôl, mae ffydd ynddo wedi lledaenu dros y byd. Mae pob math o Gristnogion wedi tystiolaethu i bwysigrwydd eu ffydd gan wneud llawer o ddaioni er mwyn ceisio am heddwch a chyfiawnder. Yn anffodus, mae Cristnogion hefyd wedi cweryla ymysg ei gilydd ynglŷn â phethau fel trefniadaeth yr eglwys a pha gredoau sydd bwysicaf. Fodd bynnag, mae pob Cristion yn cytuno mai Iesu yw canolbwynt pob addoliad: mai ei ddysgeidiaeth ef a ddilynir, ac mai ei farwolaeth a'i atgyfodiad ef a agorodd y ffordd at Dduw.

✚ Beth i'w gredu

O'r dechrau'n deg, mae Cristnogion wedi dadlau dros beth yn union i'w gredu ynddo. Oherwydd hyn, mae sawl ymgais wedi bod i geisio llunio credo. Mae'r credo isod, sy'n cael ei adnabod fel Credo'r Apostolion, o'r ail ganrif. Defnyddir hi gan nifer o Gristnogion ledled y byd. Ceisia grynhoi yr hyn oedd yn bwysig am Iesu gan ddefnyddio tystiolaeth ei ddilynwyr cynharaf.

Credaf yn Nuw, y Tad Hollalluog,
creawdwr nef a daear.

Credaf yn Iesu Grist, ei unig fab, ein Harglwydd.
a gaed trwy nerth yr Ysbryd Glân;
a aned o Fair Forwyn.
Dioddefodd dan Pontius Pilat;
fe'i croeshoeliwyd, bu farw ac fe'i claddwyd;
disgynnodd at y meirw.
Atgyfododd y trydydd dydd.
Esgynnodd i'r nefoedd,
ac y mae'n eistedd ar ddeheulaw'r Tad,
Daw eto i farnu'r byw a'r meirw;

Credaf yn yr Ysbryd Glân,
yr Eglwys lân gatholig,
cymun y saint,
maddeuant pechodau,
atgyfodiad y corff
a'r bywyd tragwyddol.
Amen.

Y Weddi Gyffredin

58 Iesu yn y Byd Heddiw

Bu Iesu fyw a marw ddwy fil o flynyddoedd yn ôl. Cafodd ei eni i deulu gweithiol cyffredin mewn ardal ddi-nod o dan reolaeth yr ymerodraeth Rufeinig. Heddiw, mae enw Iesu yn llawer mwy enwog nag enwau unrhyw ymerawdwr.

Eglwys sy'n tyfu

Mae un o bob tri yn y byd yn datgan eu bod yn Gristion. Mewn rhai gwledydd, gan gynnwys rhai gyda Christnogaeth wedi bod yn brif grefydd ynddynt ers canrifoedd, mae'r niferoedd sy'n mynychu'r eglwysi yn lleihau. Fodd bynnag, mewn rhannau eraill o'r byd, mae'r nifer o gredinwyr yn tyfu'n gyflym ac mae cynulleidfaoedd yn fwy nag erioed. Mae gan Gristnogaeth apêl arbennig i'r rhai sy'n byw ynghanol tlodi ac anghyfiawnder.

Heddwch a chyfiawnder

Mae bywyd a dysgeidiaeth Iesu wedi ysbrydoli miliynau i weithio dros heddwch a chyfiawnder. Mae nifer o sefydliadau Cristnogol sy'n gweithio i leihau tlodi, yn rhoi cymorth mewn ardal sydd wedi cael trychineb ac yn dangos cefnogaeth i'r rhai sydd wedi eu gormesu. Mae nifer o Gristnogion yn gweithio i fudiadau secwlar sydd â'r un amcanion. Mae Cristnogion sy'n

Darganfyddwch

Eglwys sy'n tyfu:
Mathew 28, Ioan 10

Ffydd ac addoliad:
Hebreaid 10

✝ Diwylliant Cristnogol

O'r dyddiau cynnar, cafodd Cristnogaeth ddylanwad mawr ar Ewrop, a lledodd hyn at lefydd lle'r oedd darganfyddwyr Ewropeaidd yn arwain y ffordd a galluogi i ymfudwyr ymgartrefu. Yn y llefydd hyn, mae tystiolaeth o ddiwylliant Cristnogol hyd yn oed ymhlith rhai nad ydynt yn Gristnogion. Er enghraifft, mae'r Nadolig yn ŵyl enfawr ac mae ail-greu stori geni Iesu yn cael ei hadrodd ynghanol y tinsel a'r gwario mawr. Mae nifer yn dal i ddewis priodi mewn eglwysi ac mae nifer yn dal i droi at yr eglwys am gysur a gobaith ar adeg o brofedigaeth.

Croesawyd plant i deyrnas Duw gan Iesu. Mae'r ferch fach yma yn cyflwyno gweddi iddo.

Marwolaeth Iesu ar y groes yw calon ffydd y Cristion. Yn Eglwys Melanesia yn Tagabe tu allan i Port Vila, Vanuatu, mae croes yn cael ei chario i mewn i'r eglwys ar ddechrau pob cyfarfod. Mae'r math yma o seremoni yn cael ei chynnal dros y byd i gyd.

credu yn atgyfodiad Iesu yn rhoi eu ffydd yn Nuw a'r pŵer sydd ganddo i orchfygu pob drygioni, gan gynnig bywyd tragwyddol.

Ffydd ac addoliad

Dros y byd i gyd mae credinwyr yn cyfarfod ynghyd i ddysgu mwy, cydaddoli a chydweddïo. Weithiau maent yn cyfarfod mewn eglwysi cadeiriol ysblennydd. Ar adegau eraill, maent yn cyfarfod ynghanol y sbwriel mewn trefi sianti. Beth bynnag fo'r sefyllfa, maent yn gallu dysgu o ddysgeidiaeth Iesu gan gofio nad yw materoliaeth yn bwysig. Bywyd tragwyddol gyda Duw yw diwedd y daith.

Tystion dros Iesu

Mae Cristnogion yn arddel geiriau olaf Iesu yn ofalus. Maent yn frwdfrydig dros eu ffydd ac maent yn eiddgar i'w rhannu ag eraill, drwy'r hyn maent yn ei ddweud ac yn ei gyflawni. Maent yn aml yn siarad am eu hymdeimlad o heddwch a phwrpas mewn bywyd a ddaw drwy eu ffydd a'u gobaith am fywyd tragwyddol.

Dywedodd Iesu mai ef oedd 'goleuni'r byd'. Yn yr eglwys yma ar adeg y Pasg, mae plant yn casglu ynghyd tu allan i Eglwys Annunciation Tirana, Albania, gan ddal canhwyllau i atgoffa eu hunain o'r gobaith mae eu ffydd yn ei roi iddynt.

Daw Cristnogaeth â llawenydd i Gristnogion. Yn aml, mae eu haddoliad yn cynnwys caneuon llawen a hapus – côr o Ethiopia yw'r rhain yn Eglwys Gadeiriol y Drindod yn Addis Ababa.

Litwrgi sanctaidd ym Mynachlog Gwragedd Uniongred ger Moscow, Rwsia. Mae addoliad Uniongred yn pwysleisio dirgelwch ffydd a sancteiddrwydd Duw.

Byd llawn crefyddau

Dywedodd Iesu mai ef yn unig oedd y ffordd at Dduw ac mae Cristnogion yn datgan bod eu ffydd yn unigryw. Fodd bynnag, yn ein byd heddiw, lle mae teithio a chyfathrebu yn uno pobl o wahanol ddiwylliannau, mae llawer o barch rhwng y gwahanol grefyddau.

Mae Cristnogaeth wedi'i gwreiddio mewn Iddewiaeth – Iddew oedd Iesu ac roedd ganddo barch mawr at ysgrythurau ei bobl fel sydd gan Gristnogion heddiw. Cafodd Mohammed, prif broffwyd Islam, ei ddylanwadu gan Iddewiaeth a Christnogaeth. Yn wir, mae Iesu yn cael ei gydnabod fel proffwyd yn Islam ac fe'i hadnabyddir fel Isa.

Mae gan yr holl brif grefyddau Dwyreiniol – Hindŵaeth, Siciaeth a Bwdïaeth, bethau'n gyffredin gyda Christnogaeth. Mae hyn yn cynnwys ymrwymiad i fyw mewn ffordd sy'n bur a theg i bawb.

Mynegai

A

Aberth 13, 80
Abraham 10, 22
Actau'r Apostolion 8, 107, 109, 111, 114
Addoli 11, 12, 13, 14, 31, 41, 69, 107, 120–21
Adfent 19
Affrica 9
Afon Iorddonen 16–17, 19, 20
Yr Aifft 10, 13, 22, 86
Allor 13, 99
Andreas 34, 35, 36, 37
Aneon 19
Angladdau 49, 51
Angylion 18, 22, 24, 26–27, 31, 85, 102, 103, 110, 111, 113, 117
Anifeiliaid 13, 16, 17, 26, 27, 41, 37, 72, 76–77, 78–79, 80, 113, 117
Apostolion 107, 110
Arch y Cyfamod 13, 15
Archelaus 21, 23
Arian 44, 70–71, 72, 81, 82, 83, 95, 111
Astrolegwyr 22
Atgyfodiad 51, 77, 78, 101, 102–103, 115, 121

B

Babilon 11
Barabbas 94
Barnabas 114
Bartholomew 37
Beddrod 101
Bedydd 19, 20, 22, 106, 109, 112
Beibl 39, 119
    Y Testament Newydd 79, 113, 115
    Yr Hen Destament 47, 56, 66, 67, 68, 78, 104, 109, 111, 112, 121
Bethania 50, 107
Bethlehem 17, 22, 26, 27
Breuddwydion (gweler hefyd Gweledigaethau) 22, 94
Brwydro 7, 11, 83
Bugail/bugeilio 16, 26, 27, 73, 76–77
Bwyd 13, 19, 31, 38, 44, 52–53, 55, 68, 69, 76, 86–87
Byddinoedd 83, 84
    (yr Asyriaid) 11
    (y Babiloniaid) 11, 12
Bywyd tragwyddol 43, 45, 52, 58, 66–67, 121

C

Caethiwo 21, 110
Caethwasiaeth 10, 56, 109
Caiaffas 93
Calendr Gorllewinol 7
Calfaria 96–97
Canhwyllbren/menora 15
Canna 38
Casglwr Trethi 36, 62–63, 70–71
Cenedl-ddynion 7, 112–13
Cesarea 95, 112
Chi-Rho 118
Coginio 45, 48, 53, 105
Colomen 19, 20
Corinth 87
Corinthiaid 102, 109, 115
Cornelius 113
Coron Ddrain 95–96, 101
Credo'r Apostolion 119
Cristnogaeth 6, 7, 110, 111, 115, 116, 118, 119, 120, 121
Y Croeshoeliad 96–99, 113
Cyffes 33, 61
Cyfraith 28–29, 42–43, 63, 64, 66–67, 69, 76, 82, 86, 113
Cyfrifiad 26
Cystennin 118

D

Dafydd, y Brenin 10, 11, 16–17, 22, 24, 26, 83, 117
Damascus 114
Damhegion 36, 52, 54–55, 56, 59, 62–63, 65, 67, 69, 72–73, 81, 84–85
Darn arian (gweler hefyd Arian) 36, 56, 67, 72, 81, 82, 94
Datguddiad 116, 117
Deuteronomium 56
Diaconiaid 110
Diafol 31, 55
Dillad 18–19, 27, 57, 59, 63, 96–97
Disgyblion 34–37, 40, 46–47, 74, 78, 86–87, 90, 104–105, 107, 108
Diwedd y byd 84, 116
Drygioni 40, 47, 64, 117, 121
Duw 10–11, 20, 40–41, 47, 52, 56, 59, 60–61, 62–63, 64–65, 68, 72, 77, 81, 84, 86, 89, 98, 99, 102, 110, 111, 113, 119
Dŵr 38–39, 46–47, 48, 68, 95, 106
Dydd Mercher Lludw 31

Dynion 13, 14, 15, 29, 34–35, 41, 61, 62–63, 66–67, 98–99
Dywediadau
    'Myfi yw' Iesu 76–77

E

Edifarhau 73
Yr Edrychiad 91
Efengylau 8, 9, 10, 18, 30, 92, 97, 99
    Mathew 8, 22, 31, 33, 36, 52, 54–55, 58, 60, 64, 65, 71, 74, 75, 78, 79, 80, 84–85, 106
    Marc 8, 18–19, 33, 34–35, 37, 42, 43, 57, 58, 64, 78, 91, 94, 99
    Luc 8. 24–25, 28, 30, 32, 36, 37, 40, 41, 51, 53, 58, 60, 62–63, 71, 78, 87, 98, 99, 102, 106, 107, 114
    Ioan 9, 20–21, 35, 38, 43, 44–45, 50, 51, 68, 69, 76–77, 80, 88–89, 95, 104, 105, 117
Eglwys y Beddrod Sanctaidd 9, 101
Yr Eglwys 75, 79, 89, 97, 99, 103, 106–107, 108, 109, 110, 111, 115, 117, 119, 120–21
    Ailfedyddwyr   57, 89
    Anglicanaidd   89
    Bedyddwyr   119
    Bresbyteraidd   119
    Brotestannaidd   119
    Gatholig   25, 117, 117–118
    Pentecostaidd   108, 119
    Uniongred Rwsia   9
    Uniongred y Dwyrain   23, 27, 118
Elias 74
Elisabeth 18, 24
Emaus 104
Eneinio 6, 83
Erledigaeth 37, 110–13, 114, 116
Eseia 14, 18, 32, 33, 112
Yr Esgyniad 107

F

Flavius Josephus 9
Y Fwlgat 9

Ff

Ffermio 16, 30, 36, 39, 54–5, 56
Ffylacter 63

G

Gabriel 24
Galilea 6, 7, 16–17, 32, 38, 45, 46, 102, 104–105
Gamaliel 110–11
Gelynion 64, 86
Gethsemane 91
Godineb 64
Golchi traed 88–89
Golgotha 96–97
Gorchmynion 67
Gorsafoedd y Groes 97
Y Grawys 31
Y Groes (gwler hefyd Ffordd) 31, 63, 96–97, 98, 101, 120
Y Grog 99
Gwahanglwyf 40
Gwaith saer 30, 33
Gweddi 31, 36, 60–63, 83, 99, 107, 120–121
Gweddi'r Arglwydd 60
Gweddnewidiad 74–75
Gweledigaethau 113, 116–117, 118
Gwin 38–39, 81, 87
Gŵyl Fair 24
Gŵyl y Bara Croyw 13, 28, 74, 80, 86–87, 94
Gwyrthiau 33, 38–51, 82, 110–111, 113

H

Hen Salfoneg 9
Herod Antipas 21
Herod, Y Brenin 7, 12, 15, 21, 22–23, 94,
Herodias 21

I

Iacháu 34, 38, 40–41, 48–49, 71, 91, 110, 119
Iachawdwriaeth 28, 32, 71
Iago 35–37, 57, 74–75, 91
Iaith 49, 61, 108, 119
    Aramaeg 9, 49
    Coptig 9
    Groeg 6, 49, 118
    Lladin 9, 49, 61, 95, 98, 118
    Syriac 9
Iddewon/Israel 6, 7, 10, 11, 12, 14, 41, 47, 67, 78, 83–84, 86, 92–93, 113
Iesu
    yr athro 7, 14, 16, 37, 42, 52–53, 70, 74
    yr eneiniog un 6, 83
    y Crist 6, 26, 35, 74, 79, 83, 92, 115
    genedigaeth 22–23, 24, 26, 27, 120
    goleuni'r byd 19, 76, 116, 121
    y Gwaredwr 24, 26
    gweddïo 36, 60, 89, 91, 99
    gwyrthiau 34, 38–39, 40–43, 44–51, 71, 102
    Mab Duw 18, 20, 51, 74, 92, 99
    marwolaeth 7, 8, 9, 10, 83, 95, 99
    y Meseia 6, 11, 18, 35, 51, 74, 79, 83, 98, 104, 109, 115

iesu   dysgeidiaeth am aileni 43
        cariad 62, 64, 67, 72–73, 85, 89
        cyfiawnder 56–57, 120
        cyfoeth 58–59, 81
        ef ei hun 31, 45, 74, 76–77, 80, 92
        ei ddilyn ef 36–37, 45, 54–55, 58–59, 64–65, 76, 84–85, 88, 106
        ffydd 42, 45, 46–47, 50, 106, 117
        maddeuant 61, 69, 72–73, 99, 106
        pechod 33, 73, 106
        plant 53, 57
        teuluoedd 37, 62, 72–73, 99
        teyrnas nefoedd 53, 54–55, 556-59, 61, 65, 71, 75, 95, 117
India 9
INRI 98
Ioan Fedyddiwr 18, 19, 20–21, 24, 26, 35, 60, 74,
Ioan 35–37, 57, 74–75, 91, 99, 103, 105, 110, 112, 113, 116
Iran 9

J

Jacob 10
Jarius 48
Jericho 16, 70
Jerom 9
Jerwsalem 7, 9, 10–11, 12, 13, 17, 22, 28, 31, 62, 69, 70–71, 78, 80, 83, 86, 90, 96– 97, 99, 101, 104–105, 107, 108–09, 110, 11
Jiwdas (Thadeus) 37
Jiwdas Iscariot 37, 82, 83, 86–87, 91, 95, 107
Joanna 36, 58, 102
Joppa 113
Joseff o Arimatheia 100, 101
Joseff 51, 106–107

L

Lasarus 50–51, 77
Lefi 36
Llaswyr 25
Llen y Deml 15, 99
Llofruddio 64, 81, 94
Llwgrwybrwyo 82, 102
Llyn Galilea 17, 46–47, 54, 105
Lourdes 41
Luther, Martin 119

M

Y Mab Afradlon 72–73
Maddeuant 18, 19, 31, 33, 42, 43, 60–61, 64, 109

Magi 22–23
Magnificat 25
Mair Magdalen 36, 100, 102–103
Mair 18,19, 22–23, 24–25, 26, 27, 28–29, 38, 51, 99, 100, 107, 113
Mair, mam Iago 100, 102
Martha 50–51
Marwolaeth 7, 8, 9, 21, 22, 48–49, 50–51, 66, 69, 74–75, 77, 78, 84, 93, 95, 99, 111, 113, 117, 120
Masada 15, 84
Mathew 37
Mathias 106–107
Merched 13, 15, 36, 45, 50–51, 58, 68, 69, 81, 83, 97, 100, 102, 107, 114, 121
Merthyr 111
Milwyr (gweler hefyd Byddinoedd) 6, 46, 71, 83, 91, 95, 96–7, 98, 102
Y Môr Marw 16, 17, 19, 84
Môr Tiberias (gweler Llyn Galilea)
Môr y Canoldir 6, 7, 16–17
Moses 10, 12, 13, 14, 64, 67, 76, 74–75, 86, 93
Mynydd Hermon 74
Mynydd yr Olewydd 16, 17, 87, 90

N

Y Nadolig 19, 22–23, 24, 27, 65, 120
Nasareth 16,23,30,32-33
Nathaniel 35
Nefoedd 19, 20, 27, 106–107, 117
Nicodemus 43, 100
Noa 20
Nunc dimittis 28

P

Y Pasg 31, 79, 103, 121
Pater Noster 61
Patmos 116
Paul (gweler hefyd Saul) 87, 102, 109, 115
Pechod 33, 42, 52, 69, 109
Pedr (gweler hefyd Seimon Pedr)
Pentecost 108–109
Peraroglau 13
Peshitta 9
Phariseaid 15, 36, 42–43, 50, 62–63, 64, 69, 72, 76
Philip 35, 37, 112
Philipiaid 63
Pieta, Y 100
Plant 29, 49, 53, 57, 106, 113, 120, 121,
    Bechgyn 15, 29, 30, 44, 48
    Merched 48–49

Pontiws Peilat 7, 9, 93–95, 98, 100
Preseb 26, 27
Priodas 22, 25, 65
Pysgota/pysgotwyr 17, 34–35, 53, 105

Q
Qumran 14

Rh
Rhufain 87, 113, 115, 118
Rhyddid 33
Rhyfel 41

S
Sabath 14–15, 43, 99
Sacheus 70–71
Sadwceaid 15
Salmau 10, 11, 26, 47
Salome 21
Samaria 68
Samuel 83
Sanhedrin 15, 93
Saul (gweler hefyd Paul) 111, 112, 114–115
Saul, y Brenin 10, 83
Sebedeus 35
Sechareia 18, 24
Seimon o Gyrene 97
Seimon Pedr 34–36, 37, 47, 74–75, 87, 88–89, 91, 103, 105, 106–107, 109, 110, 112–113
Seimon y Pharisead 69
Seimon y Selot 37
Seintiau
    Ffransis 117
    Nicolas 65
Sgroliau'r Môr Marw 14
Shema 29
Shorafot 81
Simeon 28
Solomon, Y Brenin 10–11, 12, 22
Steffan 111
Sul y Blodau 79, 101
Swsanna 36, 58
Sychar 68
Synagog 14–15, 32, 33, 43, 114

T
Tabernacl 12
Tabitha 113
Tafodau (gweler hefyd Iaith) 108, 119
Tai 42, 58059, 70–71, 72073, 93, 110, 115
Teml 10–11, 12–13, 14–15, 18, 28, 30, 31, 62, 68, 69, 80–82, 82, 83, 99, 107, 110
Temtasiwn 30–31
Teulu Sanctaidd 23
Tlodion/Esgymuniaid 7, 32, 41, 53, 83, 120
Tomos yr anghredadun (gweler Tomos)
Tomos 37, 104
Torah 10
Trais 21, 22, 43, 68, 81, 84, 95
Treth y Deml 80
Trethu 13, 26, 94
Tŵr 36, 81

Th
Thadeus (gweler Jiwdas)
Thesalonica 116
Thesaloniaid 116

W
Wythnos Sanctaidd 101

Y
Ymddangosiad 24
Ymerawdwyr 94, 96, 115, 120
    Awgwstws Cesar 7, 26, 36
    Cystennin 101, 118
    Domitian 106
    Nero 113
    Tiberiws 36, 95
    Titus 83
Ymerodraeth Rufeinig 6, 7, 8, 9, 26, 49, 83, 94–95, 118
Ymprydio 31
Yr Ysbryd Glân 19, 20, 31, 32, 37, 69, 89, 108–109, 112, 113, 119
Ystwyll 23

Digwyddiadau Allweddol ym Mywyd Iesu

	Mathew	**Marc**	**Luc**	**Ioan**
Cyhoeddi genedigaeth Ioan Fedyddiwr			1:5–23	
Cyhoeddi genedigaeth Iesu	1:18–24		1:26–38	
Mair, mam Iesu, yn ymweld ag Elisabeth			1:39–56	
Genedigaeth Ioan Fedyddiwr			1:57–79	
Genedigaeth Iesu	1:25		2:1–39	
Ymweliad y bugeiliaid			2:8–20	
Ymweliad y tri gŵr doeth	2:1–12			
Dianc i'r aifft a dychwelyd i Nasareth	2:13–23			
Iesu'r bachgen yn y Deml			2:41–50	
Neges gan Ioan Fedyddiwr	3:1–12	1:1–8	3:1–18	1:19–28
Bedydd Iesu	3:13–17	1:9–11	3:21–22	1:29–34
Temtio Iesu	4:1–11	1:12–13	4:1–13	
Y cyfarfod gyda Nicodemus				3:1–21
Y cyfarfod gyda'r wraig o Samaria				4:1–42
Iesu'n cael ei wrthod yn Nasareth			4:16–30	
Galwad y disgyblion: Andreas, Seimon, Iago ac Ioan	4:18–22	1:16–20	5:1–11	
Galwad Mathew (Lefi)	9:9–13	2:13–17	5:27–32	
Iesu yn dewis y 12 disgybl	10:2–4	3:13–19	6:12–16	
Y Bregeth ar y Mynydd	5:1–7:28		6:20–49	
Marwolaeth Ioan Fedyddiwr	14:1–12	6:14–29	9:7–9	
Pedr yn cydnabod Iesu fel y Crist	16:13–20	8:27–30	9:18–21	
Iesu yn rhagweld ei farwolaeth	16:21–28	8:31–9:1	9:22–27	
Gweddnewidiad Iesu	17:1–13	9:2–13	9:28–36	
Iesu gyda Martha a Mair			10:38–42	
Iesu'n cyfarfod Sacheus yn Jericho			19:1–10	
Iesu a Lasarus				11:1–44
Sul y Blodau	21:1–11	11:1–11	19:28–44	12:12–16
Brad Jiwdas a chynllwynion y rheolwyr	26:1–5, 14–16	14:1–2, 10–11	20:19, 22:1–6	11:45–57
Gŵyl y Bara Croyw / Y Swper Olaf	26:17–29	14:12–25	22:7–38	13:1–20
Iesu yng Ngethsemane	26:36–46	14:32–42	22:39–46	
Iesu yn cael ei arestio	26:47–56	14:43–52	22:47–53	18:2–12
Iesu ar brawf	26:57–27:1	14:53–15:1	22:54–71	18:13–24
Pedr yn gwadu Iesu	26:69–75	14:66–71	22:54–62	18:15, 25–27
Iesu a Peilat	27:2–30	15:1–19	23:1–25	18:28–19:15
Iesu'n cael ei groeshoelio a'i gladdu	27:31–66	15:20–47	23:26–56	19:16–42
Yr atgyfodiad ac ymweliadau wedi'r atgyfodi	28:1–15	16:1–8, 9–14	24:1–49	20:1–21:23
Iesu yn mynd i'r nefoedd		16:19–20	24:50–53	

Damhegion Iesu

Mae'r damhegion a gynhwysir yn y llyfr hwn mewn teip du. Does dim damhegion yn Efengyl Ioan.

	Mathew	**Marc**	**Luc**
Y lamp o dan bowlen	5:14–16	4:21–22	8:16, 11:33
Tai wedi eu hadeiladu ar garreg a thywod	7:24–27	6:47–49	
Defnydd newydd wedi'i wnïo ar hen ddilledyn	9:16	2:21	5:36
Gwin newydd yn cael ei dywallt o hen grwyn gwin	9:17	2:22	5:37–38
Yr heuwr a'r gwahanol briddoedd	13:3–9, 18–23	4:3–8, 13–20	8:5–8, 11–15
Yr hedyn mwstard	13:31–32	4:30–32	13:18–19
Y gwenith a'r chwyn	13:24–30, 36–43		
Y burum yn y toes	13:33		13:20–21
Trysor cudd	13:44		
Y berl werthfawr	13:45–46		
Y rhwyd	13:47–50		
Y ddafad golledig	18:12–14		15:4–7
Y gwas anfaddeugar	18:23–25		
Y gweithwyr yn y winllan	20:1–16		
Y ddau fab	21:28–32		
Y Tenantiaid yn y winllan	21:33–44	12:1–9	20:9–16
Y wledd fawr	22:2–14		14:16–24
Y goeden ffigys	24:32–33	13:28–29	21:29–31
Deg merch ifanc	25:1–13		
Y talentau (Mathew); pwysi (Luc)	25:14–30		19:12–27
Y defaid a'r geifr	25:31–46		
Amser hau a medi		4:26–29	
Y credidwr a'r dyledwr			7:41–50
Y Samariaid trugarog			10:30–37
Cyfaill mewn angen			11:5–10
Y Ffŵl cyfoethog			12:16–21
Y gweision effro			12:35–40
Y stiward ffyddlon			12:42–48
Y goeden ffigys heb ffigys			13:6–9
Y safleoedd anrhydeddus yn y wledd			14:7–14
Y wledd fawr a'r gwesteion anfodlon			14:16–24
Cyfri'r gost			14:28–33
Y geiniog golledig			15:8–10
Y mab colledig			15:11–32
Y stiward anonest			16:1–8
Y dyn cyfoethog a Lasarus			16:19–31
Y meistr a'r gwas			17:7–10
Y weddw daer a'r barnwr annuwiol			18:2–8
Y Pharisead a'r casglwr trethi			18:10–14

Gwyrthiau Iesu

	Mathew	Marc	Luc	Ioan
Gwyrthiau Iacháu				
Dyn gwahanglwyfus	8:2–4	1:40–44	5:12–14	
	8:5–13		7:1–10	
Mam-yng-nghyfraith Seimon Pedr	8:14–15	1:30–31	4:38–39	
Y dyn a oedd wedi'i feddiannu	8:28–34	5:1–15	8:27–35	
Y dyn a oedd wedi'i barlysu	9:2–7	2:3–12	5:18–25	
Y wraig â'r gwaedlif	9:20–22	5:25–34	8:43–48	
Dau ddyn dall	9:27–31			
Y dyn a oedd yn fud ac wedi'i 'feddiannu'	9:32–33			
Y dyn gyda'r llaw oedd wedi'i pharlysu	12:10–13	3:1–5	6:6–10	
Y dyn a oedd yn fud, byddar ac wedi'i 'feddiannu'	12:22			
Merch y wraig o Ganna	15:21–28	7:24–30		
Y bachgen gyda'i Epilepsi	17:14–18	9:17–29	9:38–43	
Bartimaeus a dyn dall arall	20:29–34	10:46–52	18:35–43	
Dyn mud a byddar		7:31–37		
Dyn a oedd wedi'i feddiannu		1:23–26	4:33–35	
Dyn dall yn Bethsaida		8:22–26		
Gwraig a oedd wedi'i phlygu yn ei hanner			13:11–13	
Dyn efo dropsi			14:1–4	
Deg dyn gwahanglwyfus			17:11–19	
Clust gwas yr archoffeiriad			22:50–51	
Mab y swyddog yng Nghapernaum				4:46–53
Dyn gwael, pwll Bethsaida				5:1–9
Dyn wedi'i eni'n ddall				9
Pwerau arosrymoedd naturiol				
Tawelu'r storm ar y llyn	8:23–27	4:37–41	8:22–25	
Cerdded ar y dŵr	14:25–31	6:48–51		6:19–21
Porthi'r pum mil	14:15–21	6:35–44	9:12–17	6:5–13
Porthi'r pedwar mil	15:32–38	8:1–9		
Ceiniog yng ngheg y pysgodyn	17:24–27			
Coeden ffigys wedi gwywo	21:18–22	11:12–14, 20–26		
Dalfa o bysgod			5:1–11	
Troi'r dŵr yn win				2:1–11
Dalfa arall o bysgod				21:1–11
Merch Jairus	9:18–19, 23–25	5:22–24, 38–43	8:41–42, 49–56	
Mab y weddw yn Nain			7:11–15	
Lasarus				11:1–44